La primera piedra

La primera piedra
Mi rebelión contra la hipocresía de la Iglesia

Krzysztof Charamsa

Traducción de Juan Carlos Gentile Vitale

Barcelona • Madrid • Bogotá • Buenos Aires • Caracas • México D.F. • Miami • Montevideo • Santiago de Chile

Título original: *La prima pietra*
Traducción: Juan Carlos Gentile Vitale
1.ª edición: febrero 2017

© 2016, Rizzoli Libri S.p. A/Rizzoli
© Ediciones B, S. A., 2017
　　Consell de Cent, 425-427 - 08009 Barcelona (España)
　　www.edicionesb.com

Printed in Spain
ISBN: 978-84-666-6044-0
DL B 24527-2016

Impreso por Unigraf, S. L.
Avda. Cámara de la Industria, 38
Pol. Ind. Arroyomolinos n.º 1
28938 - Móstoles (Madrid)

Todos los derechos reservados. Bajo las sanciones establecidas
en el ordenamiento jurídico, queda rigurosamente prohibida,
sin autorización escrita de los titulares del *copyright*, la reproducción
total o parcial de esta obra por cualquier medio o procedimiento,
comprendidos la reprografía y el tratamiento informático, así como
la distribución de ejemplares mediante alquiler o préstamo públicos.

*Al hombre que me besó
y me dio la mano
para sacarme de la mentira*

*Al hombre que amo,
a Eduard*

DRAMATIS PERSONAE

YO
¿Quién soy?
Siempre he sido dramático. Siempre he vivido cada momento como la eternidad. El todo en el fragmento.
¿Acaso soy un fragmento?
No, soy totalidad.
La totalidad de la persona.
Soy una persona.

IGLESIA
¿Quién es la Iglesia en este drama?
Aquí la pongo en escena a ella, a la Iglesia católica, universal. Los hermanos más puntillosos dirán que aludo sobre todo a las altas jerarquías eclesiásticas. Pero no quiero hacer distinciones. Soy fiel a lo que la Iglesia, la comunidad de Cristo, me ha enseñado sobre sí misma. Ruego a los hermanos y las hermanas, católicos y católicas, que no se reconozcan en el rostro rugoso aquí desvelado y que no tengan sus mismos pecados que confesar, que no se ofendan y sean comprensivos.

Pero al mismo tiempo los invito a pensar que, si no nos hemos opuesto a los sumos sacerdotes homófobos, también formamos parte del espíritu asustado y odioso de este personaje del drama.

Yo el primero...

PRIMERA PARTE

EL ENCUENTRO

Yo, Narciso

Ya no quiero ser Narciso durante toda la vida.

En el pasado quería serlo, para siempre. Me parecía la única posibilidad de realizarme, me convencía de que era excitante, deseable y bueno.

Narciso es el amigo secreto de todos los gais, como yo. El amigo que hemos descubierto leyendo a Hermann Hesse, el que lleva dentro de sí la fascinación y el dolor de amar a los hombres, el placer y el misterio de enamorarse de los hombres.

Sí, también yo, en lo más hondo de mi corazón, he sido Narciso. Lo fui antes de enamorarme de *Queer as Folk*,[1] antes de dar un salto al cine gay, antes de leer *Llámame por*

---

1. Serie de televisión americana, ideada por Ron Cowen y Daniel Lipman, basada en una homónima serie británica, que en cinco temporadas (2000-2005) ofrece una imagen de un moderno grupo de amigos gais.

tu nombre,[2] antes de sumergirme en la biblioteca que cualquier homosexual debería conocer, antes de convertirme en cliente de Cómplices, una fantástica y pequeña librería del Barrio Gótico de Barcelona (¡debería haber una en todas las ciudades!).

Era el mismo Narciso que han reconocido dentro de sí tantos curas cada vez que se han encontrado con uno de su mismo club, cada vez que se han preguntado si el hombre que tenían ante ellos compartía su secreto. Narciso es el código enigmático para acceder a una sublime belleza escondida y vetada, una naturaleza espiritual que debería ser expresada. Narciso continúa existiendo porque ni los católicos ni los puritanos han conseguido aniquilarlo. Narciso me ha permitido sobrevivir en el infierno de la heterosexualidad obligatoria.

He aquí por qué citaba a Hesse en mis conferencias religiosas, casi con lágrimas en los ojos. Esperaba que alguien captara que el sentido recóndito de aquella referencia no tenía nada que ver con la doctrina cristiana que iba ilustrando. Esperaba que alguien entendiera que, en realidad, solo quería liberarme a mí mismo, revelar mi verdadera naturaleza. Naturalísima para mí y para otros miles como yo.

Es el mismo Hesse que cité en mi último libro de argumento católico, en mi testamento *Virtud y vocación*,[3] donde desvelé entre líneas lo que creía y el modo en que creía, y cómo todo se había revelado irreal, simplemente porque

---

2. *Llámame por tu nombre*, la conmovedora y romántica novela gay del estadounidense André Aciman, en Alfaguara, Barcelona, 2008.
3. *Virtù e vocazione*, Editrice Rogate, Roma, 2014.

no se había tomado en consideración la verdadera naturaleza del hombre, de ese hombre. No se había tenido en cuenta un pequeño detalle oculto: soy gay. Yo citaba, desesperado, a Hesse, con la esperanza de que alguien dejara de lado las inútiles teorías devotas y finalmente me mirara a los ojos.

Narciso es el sacerdote católico, el cura docto, el monje ejemplar, el abad diligente, totalmente inmerso en los estudios y en los libros. ¿Por qué lo hace? Para no amar, para no pensar en el amor, para enterrar la naturaleza del amor. Su amigo de siempre, Golmundo, que al final de la vida se presenta en la abadía, provoca una explosión. Narciso susurró al oído de Golmundo:

> Mi vida ha sido pobre en amor, me ha faltado lo mejor. Nuestro abad Daniel me dijo un día que yo le parecía orgulloso; quizá tenía razón. Yo no soy injusto con las personas, me esfuerzo por ser justo y paciente con ellas, pero nunca las he amado. De dos eruditos que hay en el convento, el más erudito me es más grato; quizá nunca profesé afecto a un hombre de pocas letras. No obstante, si sé lo que es el amor, es gracias a ti. Solo a ti te he podido amar entre los hombres. Tú no puedes figurarte qué significa esto. Significa el manantial en un desierto, la flor en la maleza. Solo a ti debo que mi corazón no se haya marchitado, que haya quedado en mí un rinconcito donde pueda entrar la gracia.[4]

---

4. *Narziss und Goldmund*, 1930. [Versión en español: *Narciso y Golmundo*, Edhasa, Barcelona, 2007.]

Cuando citaba este pasaje ante curas, hermanas, laicos más o menos devotos, en realidad quería gritarles lo que precede a la desgarradora admisión del abad Narciso: «Yo no amaba a la gente; siempre me mostraba responsable ante los demás, respetuoso, como se debe, considerando a todos, pero no los amaba.»

Cuánto habría querido gritar también yo estas palabras de Hesse y las que seguían pocas líneas después. No podía hacerlo, solo esperaba que alguien releyera toda la obra sobre la que yo debía sobrevolar. En efecto, al ver a Golmundo,

> Narciso le dijo:
> —¡Estoy tan contento de que hayas vuelto! Te he echado mucho de menos, he pensado en ti cada día y a menudo temía que ya no volvieras.
> Golmundo sacudió la cabeza.
> —Tampoco se habría perdido mucho.
> Narciso, con el corazón ardiendo de dolor y de amor, se inclinó lentamente hacia él e hizo aquello que en tantos años de amistad nunca había hecho: le rozó con los labios el cabello y la frente. Golmundo se percató de lo que ocurría, primero con estupor, luego emocionado.[5]

Más que una falta de amor, aquí Narciso confesaba la propia homosexualidad y se lamentaba de sentir un amor torpe, desgarrado y enfangado. Su Iglesia y él mismo debían odiarlo, matarlo, aniquilarlo, pero aquel amor siempre habría resucitado. Estaba vivo, a pesar de los insensi-

---

5. *Ibid.*

bles y catoliquísimos custodios de la única resurrección verdadera, pero que destruía a las personas. Narciso había encontrado su *modus vivendi* en aquella absurda negación de la realidad. Pero entonces... entonces llegó la hora de salir del armario. Esto quería gritar a mis oyentes, correctos y perspicaces homófobos y homófobas.

Cuando estudiaba en Lugano, fui muchas veces a ver la tumba de Hesse en las inmediaciones de Montagnola. Él había pasado sus últimos años de vida en el cantón del Tesino y allí había muerto. Para mí era como una especie de peregrinación romántica prohibida, que en el fondo nadie me prohibía. Quizá muchos ni siquiera sabían que su cuerpo reposaba allí, bajo dos bloques de piedra y nada más. Quizá muchos ni siquiera sabían quién era. Me dirigía, nostálgico, a su tumba para buscar inspiración, para abrirle, como a un viejo gay, mi alma. No sé si me escuchaba. Pero aquella estribación en el sur de Suiza, con su cultura de tolerancia, era para mí un lugar de consuelo y libertad interior. Allí el maestro Hesse vivía en mí y yo me encomendaba a aquel sensible y romántico amigo, hijo de un rígido pastor protestante. Hesse me había regalado el nombre de Narciso.

Y hoy sé que ya no quiero ser Narciso. Hoy sé que tengo a mi Golmundo y no quiero despilfarrar mi vida, permanecer sin él. Hoy quiero empezar a amar como soy, como Dios quiere, como Dios entiende el amor.

Mi Golmundo

Narciso no está solo. Nunca ha estado solo.

También yo encontré a mi Golmundo. Sucedió una noche en Barcelona. Fue el momento en que nos descubrimos, enamoramos y comprometimos. Cuando ya no queríamos estar solos. Cuando rocé sus labios y su cabello. La fría noche que pasé entre sus brazos cálidos y fuertes. Él me amaba, yo solo pensaba en cómo no perder su amor.

Fue una de las noches más hermosas de mi vida, en un hotel del Eixample, el más feo de mi vida. Sí, no el hotel Axel.[6] Era una pensioncita horrible... ¡Precisamente allí tuve que conocer a mi futuro novio, mi prometido, pareja, marido! Sí, fue una de las noches más hermosas de mi existencia, y yo rogaba a Dios que no terminara. Rogaba a Dios que aquel hombre verdadero ya no me dejara solo. ¿Pero cómo? Calma... En realidad, tendría que haberme

---

6. Elegante hotel gay de Barcelona.

dejado lo antes posible, porque yo... era sacerdote. Y él no lo sabía.

Él conocía también mi nombre... Pietro, mi falso nombre, obviamente. Sabía de qué ciudad venía... Milán, pero también esto era falso. ¿Y cuál era mi trabajo? Enseñaba filosofía (bueno, esto no estaba lejos de la verdad). Mi falsa nacionalidad completaba el relato. Él sabía todo lo que pueden saber los amantes de una noche. Pero yo ya no quería esconderme. Pero ¿por qué deseaba mostrarme? ¿Qué me atraía en aquel hombre que ya sentía completamente mío?

No quería perderlo, me había enamorado.

Y aquella noche vi que Dios me amaba, me abrazaba, me aceptaba, porque me comprendía. Yo, experto en Dios y en todo lo que es divino y... homófobo, al mismo tiempo, había visto finalmente a Dios. Había encontrado a un hombre, pero había visto a Dios.

Y, por suerte, estaba perdiendo de vista su Iglesia mediocre.

El día después

Golmundo me ha abierto al amor por el otro, pero antes aún me ha abierto al amor por mí mismo.

Con él experimentaba lo que ya sabía, pero solo en teoría: no puedes amar al otro, si no te amas de manera sana y equilibrada a ti mismo, si antes no te aceptas a ti mismo, si no te conoces a ti mismo. Si te odias a ti mismo, si te mientes a ti mismo, nunca podrás amar al otro. No se necesita el cristianismo para entender que esta es la clave de las relaciones humanas. El cristianismo se jacta de enseñar estos principios, o al menos de compartirlos, pero en realidad lo hace solo en teoría, deteniéndose en devotos e insignificantes auspicios. Y la verdad que cuenta, la decisiva, está en la vida, no en las teorías. Mi experiencia en la Iglesia me había convertido en un perfecto teorético, que debía saber explicarlo todo al tiempo que se negaba la verdadera vida.

No fue fácil liberarme de la opresión ideologizante de la Iglesia. Era como una prisión insoportable, que había impregnado cada una de mis fibras. Era como una prepotente *forma mentis*, una manera de pensar y de actuar, que me era tan ajena como indispensable. Se basaba en el miedo y la mentira; uno se acostumbra a todo y sorprendentemente se le coge el gusto, ya no se ve ninguna otra posibilidad.

Al hombre del que me había enamorado debía decirle mi nombre. No podía mentirle. Pero no sabía cómo hacerlo y tenía miedo de perderlo.

En aquellas horas, el odio que sentía por mí llegó al apogeo. Odiaba la mentira que me habían inculcado. ¡El embuste de mi vida! El omnipresente embuste en el que me había educado mi Iglesia. Sentía asco de mí mismo.

Cuando te inculcan la necesidad de mentir sobre las cuestiones fundamentales de tu vida, al final ya no sabes cuándo dices la verdad y cuándo mientes. Ya no sabes quién eres. Porque, en efecto, tú ya no estás. Hasta entonces el lavado de cerebro me había convencido de que los gais no existían.

Pero en ese momento, en aquella noche poderosa, delante de mí estaba el hombre al que amaba, como Narciso ama a Golmundo. Tampoco él quería perderme... Sin embargo, ya me parecía verlo desvanecerse: ni siquiera recordaba mi número de teléfono, que quería dejarle. No recordaba la dirección de Skype. No recordaba el correo electrónico. Ya no recordaba nada. Quizás huía de mí mismo, no de él.

Mi Golmundo me acompañó al aeropuerto. Me quedaban solo pocos minutos, los últimos, en su coche, antes de que se produjera el fin de una historia fugaz. De haber ocurrido así, luego a distancia ya no habría podido remediar nada. Mi Iglesia habría vencido sobre mí: quizás, en su infinita misericordia eclesial, incluso me habría perdonado la aventura, con la condición de que volviera sin vacilaciones al odio por mí mismo, por mi naturaleza.

Golmundo, en realidad, sospechaba que yo escondía algo. Ya el día anterior, en nuestro primer paseo por Barcelona (¡qué feliz me sentía al caminar con un hombre a la luz del sol, sin miedo!), me había planteado preguntas: «¿Por casualidad, no estarás casado con una mujer? ¿Tienes hijos?» Yo le había respondido tranquilamente: «¡No!» Pero no me había preguntado: «¿Por casualidad no serás cura?»

Golmundo me había llevado a su sitio preferido de Barcelona: Santa María del Mar, una iglesia sumergida en una atmósfera de paz. ¡Increíble...! ¡Era mi primera cita seria con un hombre y él me llevaba a una iglesia! Una iglesia de ensueño, silenciosa y acogedora, ideal para una boda. Nos sentamos en los bancos, admirando las vigas del gótico catalán. Mi mano estaba en la suya. Lo amaba delante de mi Dios, sin vergüenza.

Y después de un día y una noche, nuestro encuentro llegaba a su fin. Pero el odio por mi naturaleza, el miedo y la mentira iban a enfrentarse con la simple verdad del amor entre dos hombres. Por un lado, me decía: «¡Borra este hecho, no existe!» Pero otra voz me preguntaba: «¿Cómo que no existe? Está aquí.» Y él me abrazaba.

Solo quedaban los últimos instantes de aquel viaje en

coche. Ya no quería volver a la pesadilla de mi vida cotidiana beata y salvadora.

«Eduard, tengo que decirte una cosa: soy sacerdote.»

Él se llama Eduard... Estallé en lágrimas, incapaz ya de contenerlas. Me estaba dando cuenta de que, hasta aquel momento, había sufrido la «muerte asistida» de una parte fundamental de mi personalidad, un trauma absurdo y gratuito, un violento homicidio de mi dignidad, fantásticamente orquestado por la Iglesia en los largos años en que había sido cura.

Me esperaba el vuelo a Roma.

«Eduard, si tú aún me aceptases, quisiera llamarte.»

Ya no podía volver a la católica «serenidad» del Evangelio porque esta me imponía un odio ciego e irracional hacia mí mismo, hacia mi orientación sexual. Estaba enamorado. Soñaba lo que era coherente con mi naturaleza, con mi orientación sexual, mi ser más íntimo. Soñaba con la libertad. Con ser yo mismo.

Soñaba con una nueva vida. ¿Imposible? ¡No! Posible. ¿No dicen los cristianos que nada es imposible para quien ama?

Pero ¿cómo llegué a esta experiencia? ¿Por qué alcancé este punto? ¿Qué camino me trajo hasta aquí?

Segunda parte

LA BELLA Y LA BESTIA

Familia

Para entenderme a mí mismo, debo volver atrás, muy atrás...

Debo volver al génesis, a mi familia de origen. Debo volver al regazo de mi madre.

¿Debería desvelar cuándo nací? Lo digo, pues: nací el 5 de agosto, un sábado de pleno verano; por eso, el día de mi cumpleaños me agrada pasarlo en una playa. Primero en el norte, en la península de Hel sobre el mar Báltico, con sus largas y profundas extensiones de arena un poco salvajes, a unos cincuenta kilómetros de casa; luego, con el tiempo, en playas más al sur.

Nací en 1972, el año en que el gran Guy Hocquenghem publicaba su texto programático *Le désir homosexuel*.[7]

---

[7]. Éditions Universitaires, París, 1972. El libro fue reeditado por Fayard de París en 2000 con prólogo del filósofo René Schérer, con el que el autor había tenido también su primera relación amorosa. [Versión en español: *El deseo homosexual*, Editorial Melusina, Santa Cruz de Tenerife, 2009.]

Nací bajo el buen auspicio del manifiesto de la revolución homosexual que denunciaba con fuerza la miserable obsesión homófoba. Describía las dinámicas de la homofobia y sentaba las bases para un movimiento de liberación de los homosexuales, después de haber salido del armario aquel mismo año. Guy había dicho la verdad para desenmascarar la hipocresía colectiva y así fue expulsado del partido comunista, al que estaba afiliado. La sociedad a la que pertenecía no quería oír sus denuncias.

Aquel año nació el término «homofobia»: el psicólogo estadounidense George Weinberg, en su *Society and the Healthy Homosexual* (La sociedad y el homosexual sano), asignaba un nombre al miedo irracional que se experimenta ante un homosexual, a la fobia en presencia de la diversidad que genera violencia, odio y destrucción. Dar un nombre preciso al mal es el primer paso hacia la victoria sobre el mal mismo. Sin embargo, según la mentalidad del ambiente católico en que yo había nacido, aquel nombre no debía existir.[8]

---

8. Hoy, bajo el perfil legislativo, el Parlamento Europeo, con resolución del 18 de enero de 2006, ha definido la homofobia como «un miedo y una aversión irracional respecto de la homosexualidad y de gais, lesbianas, bisexuales y transexuales (GLBT), basada en el prejuicio y análoga al racismo, a la xenofobia, al antisemitismo y al sexismo», que «se manifiesta en la esfera pública y privada bajo formas diversas, como discursos cargados de odio e instigaciones a la discriminación, mofa, violencia verbal, psicológica y física, persecuciones y homicidio, discriminaciones que violan el principio de igualdad, limitaciones arbitrarias e irracionales de los derechos, a menudo amparadas en motivos de orden público, libertad religiosa y derecho a la objeción de conciencia». Mientras, la Iglesia lo niega todo insistiendo en que «la "orientación sexual" no constituye una cualidad comparable a la razón, al origen étnico, etc. respecto de la no discri-

Corría el año 1972: la palabra que denuncia el miedo y el odio hacia los homosexuales nunca debía ser pronunciada. El deseo homosexual nunca debía ser revelado. ¿Tampoco yo habría debido nacer? Sin embargo, nací. El deseo homosexual fue valerosamente afirmado. Y, gracias a Dios, un científico finalmente definió el odio hacia los gais.

Nací en un tiempo y en un espacio en que los gais oficialmente no existían. Representaban el tabú perfecto. La verdad es que aún hoy, si la homosexualidad sale a la luz, es preciso hacer cualquier cosa para volver al tabú impuesto: esa tendencia vergonzosa, enferma, indecible, perversa, pecaminosa y diabólica... oficialmente no existe. Eso que te vuelve leproso no debe tener ni siquiera un nombre. Es preciso silenciarla con vergüenza.

En el mundo en que nací, no importaba a nadie que en 1973, cuando se celebraba mi primer cumpleaños, se organizara en París el primer congreso mundial de las organizaciones homosexuales (¡al que no podía ser invitado!). No importaba a nadie que aquel año la Asociación Americana de Psiquiatría borrara la homosexualidad de sus acreditadas listas de trastornos psíquicos.[9] La ciencia corregía, pues, sus propios errores, pero el mundo católico en el que nací

---

minación. Diversamente de estas, la orientación homosexual es un desorden objetivo» (congregación para la doctrina de la fe, *Algunas consideraciones concernientes a la respuesta a propuestas de ley sobre la discriminación de las personas homosexuales*, 22 de julio de 1992, n.º 10). Un desorden objetivo es un mal deplorable, no algo que se pueda afirmar públicamente y proteger, algo «indiferente o incluso bueno y, por tanto, digno de aprobación pública» (*ibid.*, n.º 14).
    9. La American Psychiatric Association (APA, Asociación Americana de Psiquiatría) publica periódicamente *DSM, The Diagnostic*

descartaba estas nuevas posiciones simplemente como infundadas. Sin embargo, también en el ámbito católico, en aquel año un jesuita catalán, Salvador Guasch, desveló públicamente que era homosexual y era feliz. ¡Un gay que pretendía no sentirse alejado de Dios! ¡La simple presunción de un desgraciado! Dicen que pagó su sinceridad con varios años de manicomio y sufriendo terapias brutales para curar o al menos reprimir sus malsanos deseos y sus pensamientos «contra natura». Por entonces yo tenía un año y aún no podía saber nada de su inesperada revelación, pero mi mundo castraba a quien se permitía ser feliz sin la autorización de la Iglesia y del Estado.

Sí, nací en un mundo católico.

Amo a mi familia. Mi madre era una mujer de una fe indestructible. Con su fe era capaz de hacer milagros, de resistir pruebas insoportables. Su fe nunca vaciló, ni siquiera ante los comportamientos aberrantes de la Iglesia: ella tenía algo genial que la ponía por encima de la mediocridad humana. Mis padres eran economistas de formación. Ambos trabajaban, aunque, según la mentalidad católica, debía ser el padre —como verdadero macho— el que mantuviera a la familia. Yo era su primogénito; después de tres años nació mi hermano y, cuando tenía doce años, mi hermana. Así quedó la familia completa.

Mi padre se fue de casa en el mismo año en que, después de la selectividad, entré en el seminario para hacerme cura:

---

and Statistical Manual of Mental Disorders, donde se codifican los trastornos psiquiátricos y se dan líneas-guía para tratarlos.

en la época no conocía otros casos de separación, pero el fin del matrimonio de mis padres fue del todo insoportable. Nos quedamos sin nada, en un apartamento en ruinas, y todos los ahorros para la nueva casa se desvanecieron junto a mi padre. Durante el proceso de divorcio mi madre no presentó ninguna defensa ni luchó por el pleno respeto de sus derechos y los de sus hijos. Yo entendía la radicalidad de sus silencios. En el fondo no aceptaba el divorcio y, por tanto, se negaba a luchar por lo que le habría correspondido. Pero, pensándolo bien, para defender los propios derechos también se necesita un buen abogado, y nosotros no podíamos permitírnoslo. Así que mi padre se fue, sin pensar demasiado en las necesidades de sus hijos: solo enviaba lo que el juez estableció para mi hermana, pero al menos nosotros nos quedamos en paz.

Para mí, la separación de mi padre fue una liberación. Quizá para mis hermanos fue distinto. Al entrar en el seminario, comencé una nueva existencia, mientras que ellos se quedaron en casa. Pero la vida cotidiana con mi padre, del que solo conservo un vago recuerdo, se había hecho insoportable: estaba ausente, no había instaurado una verdadera relación paternal con nosotros. Ahora sé que él, a su manera, nos amaba, pero de una manera posesiva, como se puede amar una propiedad, de una forma no muy distinta de la que muestran muchas familias patriarcales y machistas. Hoy no le guardo ningún rencor, pero me ha quedado, por desgracia, la sensación de no haber tenido un padre a mi lado.

Según una interpretación a menudo retomada en el ámbito católico, un muchacho con un padre ausente y una madre sobreprotectora (cosa que mi madre nunca ha sido) estaría predispuesto a convertirse en afeminado, *ergo* homosexual, es decir, desviado y pecaminoso. Por eso, con los años, buscando una explicación para mí mismo, he hecho mío este estereotipo: era gay porque las relaciones con mi padre habían sido negativas o inexistentes (por eso la Iglesia ya tenía la solución perfecta para mí: con el celibato me ofrecía un escondite, una escapatoria «digna» del matrimonio heterosexual). Con el tiempo habría encontrado decenas y decenas de gais que tenían relaciones espléndidas con sus respectivos padres, o al menos del todo normales... siempre que se me permita el adjetivo «normal», que parece de uso exclusivo de la Iglesia católica, tan rigurosa como en el pasado solo había sido la insuperable doctrina marxista, ¡contra la cual precisamente la Iglesia estaba en lucha!

Pienso que nunca he sido el hijo que mi padre soñaba tener: me sentía más inclinado al arte, la ópera lírica, el teatro y el ballet que al fútbol. Era un muchacho que se refugiaba en los libros, y en general no en los de matemáticas, sino en los de literatura, poesía e historia. No era, por tanto, el típico hijo varón que él podía desear, que se mostrara fuerte golpeando a un compañero, el modelo viril de muchacho destinado a ocuparse, como él, de economía y finanzas. Un economista: ¡no un soñador, un romántico, un idealista! Siempre he tenido la impresión de que el predilecto de mi padre era mi hermano, quien, además de los libros, honraba también el balón, como correspondería a un varón «sano».

¡Sí! Yo era gay. Lo soy desde que mis padres me dieron la vida. Pero no fueron ellos, ni ningún otro, quienes me infundieron mi homosexualidad. No son un padre ni una madre los que transmiten a su hijo la homosexualidad o la heterosexualidad; en cambio, se puede volcar en el otro la homofobia, el miedo y el odio hacia los gais y el propio hecho de ser gay. De los otros se hereda la homofobia; la homosexualidad es dada. Es el don para un homosexual tal como lo es la heterosexualidad para un heterosexual. Es el don de mi Dios, el don de la naturaleza, el don de la vida. Es la buena energía que se entrega a todo ser humano. La energía buena solo puede ser contaminada por la homofobia.

A veces pienso que mi padre sospechaba algo de mí ya cuando era pequeño. Habría sido curioso asistir a su reacción ante mi salida del armario. ¿Habría dicho «siempre lo he sabido» o «ya decía yo»? Pero hoy no consigo imaginar volver a establecer relación alguna con él: después de tantos años de ausencia injustificada, es como si estuviera muerto. No creo en el «dogma de la misma sangre» que te empujaría a ultranza hacia alguien, incluso cuando ese alguien durante mucho, demasiado tiempo, te ha ignorado o pisoteado.

Amaba a mi hermano y mi hermana. Hoy pienso que no siempre he conseguido demostrarlo plenamente a mi hermano, y lo lamento. ¿Quizás yo era como mi padre? ¿Quizá la sensación de que él era el predilecto me bloqueaba? A mi hermana, en cambio, no le escatimaba las amorosas atenciones de hermano mayor: la cuidaba, la protegía y la sostenía sustituyendo casi a mi padre. Así nació instintivamente en mí la idea de tener que mantener a mi familia después de que fuéramos abandonados: me sentía responsable de su sustento y solo deseaba que fueran felices. Renunciaba a todo con tal de ayudarlos, intentando hacer más llevadera su vida cotidiana, y de infundirles seguridad. Años después también quise ayudar a otros con los estudios. En la vida me había encontrado con personas buenas, mecenas sinceros que habían contribuido a mi instrucción;

por tanto, sentía el deber de renunciar a parte del sueldo para ayudar a algún otro a estudiar, como habían hecho conmigo. Quería estar ahí para los demás. A veces pienso que he sido demasiado ambicioso, he dado pasos que me han costado grandes sacrificios, pero volvería a hacerlo mil veces. En aquellos años yo y mis hermanos llevábamos una vida feliz y estable. Todo lo que hacía por mis seres queridos me parecía la manifestación de un amor típicamente gay: a veces exuberante, barroco y exagerado, como si, en mi subconsciente, tratara de ganarme una aprobación, conquistar un amor por aquello que era realmente (pero de lo cual ellos no sabían nada).

Cada vez que pienso en mi infancia, me pregunto si no me lo tomaba todo demasiado a pecho. Estaba siempre serio, como si fuera demasiado maduro: no me concedía nunca lo que debería concederse a los muchachos. En cierto sentido, fui adulto demasiado deprisa. ¿Quizás era mi forma de esconderme, para construir desde la infancia un muro entre mi ánimo, delicado y sensible, y el mundo? En aquel tiempo, todos los niños católicos sabían que había que sentir solo un enorme asco por aquellos a quienes les gustaban los varones. Horror, rechazo por la vergonzosa depravación o «perversión», como diría Julia Kristeva.[10] Yo siempre me he tomado en serio la fe de mi familia y de mi Iglesia. Pero quizá precisamente la Iglesia me ha confundido respecto del amor por uno mismo. No vacilaba en acoger el mandamiento de amar al prójimo, pero del mismo modo advertía el recelo de los predicadores de

---

10. *Pouvoirs de l'horreur. Essay sur l'abjection*, Seuil, París, 1980. [Versión en español: *Poderes de la perversión*. Siglo XXI editores, México, 1989, 2.ª edición.]

la Iglesia sobre el amor por uno mismo y por la propia verdad.

Cuando hace algún tiempo le confesé a mi madre que era homosexual, su respuesta fue del todo inesperada para mí: no la reacción impuesta por la mentalidad de la Iglesia, sino una manifestación de amor ilimitado desde el primer momento. Solo repetía que no conseguía imaginar cuánto habría sufrido por «eso» y que no podía pensar cuánto dolor me habría provocado guardarme durante tanto tiempo un secreto como aquel. Me preguntó por qué no le había hablado antes de ello, cuando era adolescente. Yo no encontraba las palabras para responder: lo único que supe hacer fue copiar en el escritorio de su ordenador el enlace a la película de 2009 *Prayers for Bobby* (Oraciones para Bobby), la historia verdadera de Mary Griffith, una devota cristiana, y de su recorrido hacia la comprensión de la homosexualidad después del suicidio de su amado hijo gay. En esa película se adivinan algunas de las razones por las cuales hasta aquel momento no había podido revelar mi homosexualidad: nuestra Iglesia, como Mary había hecho con Bobby, habría intentado curarme. Quizás habría pedido algún milagro a san Sebastián, visto que el problema no debía de serle ajeno. Pero la razón de fondo era que, en aquellos tiempos, no se hablaba casi en absoluto de homosexualidad: el silencio era lo que la Iglesia imponía a los fieles sobre algo sospechoso e inexistente. Si existía, era solo para ser objeto de las peores ideas homófobas.

Además, yo deseaba ser sacerdote y, por eso, debía ser homófobo, es decir, debía odiar a ese diabólico «producto» de la sociedad moderna, del que solo la Iglesia católica y las dictaduras comunistas —en esto paradójicamente aliadas— podían proteger a las personas. Yo, ante todo, estaba imbuido del juicio de condena hacia todos los homosexuales pervertidos: sabía que representaban el mal, un mal que no podía concernirme. Por eso, lo que experimentaba dentro de mí debía ser por fuerza fruto de un gran error o un sentimiento pasajero, destinado a desvanecerse en pocos días. Fue así como, convencido de que solo se trataba de una confusión adolescente, me habitué a pensar que el deseo que me inspiraban los muchachos solo era una natural tendencia a compararme con ellos. Hoy, antes de abrazar el sacerdocio, probablemente reflexionaría largo y tendido sobre la coherencia de los preceptos de una institución religiosa tan inhumanamente ignorante de la identidad humana. Pero en aquel tiempo solo trataba de comprobar que no había nada cierto en mi deseo homosexual. Me lo escondía a mí mismo, lo relegaba como algo efímero e irreal, como un momento de extravío, o peor, una enfermedad. Y sobre todo como un pecado. En realidad, para la mentalidad católica los únicos pecados graves son los que conciernen a la sexualidad, en particular cuando a un hombre le gustan los demás hombres. Este es un pecado innombrable. «Eso» no tiene nombre.

En mi familia siempre ha habido una cierta dosis de *grandeur*. A nuestros padres los tratábamos de usted, una antigua y rara costumbre, pero nunca he pensado que esta manera de comunicarnos nos distanciara o infundiera «oficialidad», sobre todo en la relación con mi madre. Ella era mi mejor amiga y una gran confidente, salvo en lo que concierne a «eso». Pero en los últimos años, en la era de Skype y de Whatsapp —convertidos en los canales de comunicación que más utilizo con mi madre— ha comenzado a resultarme forzado dirigirme a ella en tercera persona, en breves y frecuentes mensajes. Pero también sé cuántos padres la envidiaban por esta expresión de respeto filial y de nobleza. ¡Sus nietos son más expeditivos, gracias a Dios!

Con el tiempo, mi madre empezó a llevar sombreros cada vez más grandes y escenográficos. Yo la secundé enseguida, poniéndome un sombrero negro. Cómo me gustaban los suyos, coloridos, elegantes, de mil formas diversas, ¡ora nobles, ora extravagantes! También yo se los regalaba. Con los años, pasó a elegir gradualmente modelos más pequeños y deportivos, quizá porque, al ser una mujer moderna, además de la misa diaria, no deja de ir cada día al gimnasio.

En resumidas cuentas, la mía no fue una infancia infeliz. Uno de los recuerdos más agradables y despreocupados está ligado a las vacaciones que pasábamos en Hamburgo, en casa de mi tía, o en Londres, con mi tío. La hermana y el hermano de mi padre —que fueron mi madrina y mi padrino de bautismo— se habían casado respectivamente con un alemán evangélico y con una inglesa católica: ambos eran muy distintos de mi padre. Eran médicos y, por desgracia, murieron los dos por un mal incurable en torno a los cuarenta años. Pasaba todo el año soñando con las vacaciones en Occidente, como un tiempo feliz: me identificaba espontáneamente con aquella Europa libre y moderna, un mundo muy distinto de Polonia. Me agradaba sobre todo Hamburgo con el Alster, el lago en el centro, en cuyas cercanías vivían nuestros tíos. Soñaba con las grandes casas, los jardines, las calles y las tiendas de la ciudad, pero también la misa dominical menos pomposa y más sobria que la nuestra. Envidiaba sus horarios de trabajo, que por la mañana dejaban tiempo para un largo desayuno, una costumbre impensable con los ritmos opresores de la Polonia comunista. En Hamburgo, cuando aún era pequeño, me llevaron a una exposición de Andy Warhol, la primera de un artista gay que había jamás visitado (entonces ignorando ese hecho «devotamente»). En un momento dado comencé a identificarme hasta tal punto con aquel mundo, que soñaba que mi vida en Polonia no era más que un breve y gris paréntesis de casi un año en mi vida en el Occidente libre.

Mi tía tenía ideas liberales que me turbaban y me encantaban al mismo tiempo: planteaba preguntas, cultivaba la duda, amaba el arte. Me hizo conocer el método de la autoeducación en la conciencia a través del movimiento, de Moshe Feldenkrais;[11] además, con ella podía disfrutar de su espléndida colección de cuadros de pintoras polacas. Cambiando opiniones con mi tía, a pesar de las certezas de mi fe, trataba de no cerrarme frente a sus dudas, al valor de relativizar y a la audacia de la «insoportable levedad del ser», aprendida de Milan Kundera. Quería dialogar con ella, me gustaba su inquietud, me fascinaba que fuera libre de los esquemas y los estereotipos, lejana a años luz del provincianismo del catolicismo polaco.

Nuestra casa, en Polonia, siempre estaba llena de amigos de mi padre: parecían tener incluso más derecho a estar en ella que nosotros, que vivíamos allí. Sin embargo, lo que no nos faltaba era la biblioteca de mi madre, con todos los clásicos polacos y extranjeros, y muchísimos volúmenes de arte que eran mi pasión. Me había formado a la sombra de aquellos libros. Estaban también las obras de Miron

11. Científico, físico e ingeniero israelí (1904-1984), convencido de que a través del movimiento se puede guiar el aprendizaje, expandiendo el conocimiento de uno mismo en el ambiente.

Białoszewski,[12] salvo obviamente *Tajny dziennik* (El diario secreto), publicado póstumamente en 2012. Las vicisitudes personales de Białoszewski eran quizá las más interesantes entre aquellas de los gais que habían vivido en el régimen comunista: había conseguido convivir durante años con su compañero. Desde luego, por lo que había leído de él en casa no podía imaginar nada de esto, y solamente mucho tiempo después tuve ocasión de descubrir sus viajes a Nueva York, su «borrachera» de la libertad concedida a los homosexuales en aquel país, la función salvadora de aquellas estancias. También él, como yo, estaba en nuestra casa, pero nadie sabía que era gay.

Solo la biblioteca de los abuelos paternos superaba la de mi madre. Me agradaba mirar aquella pared llena de libros del suelo al techo. Entre los volúmenes del abuelo había de todo, y fue allí donde descubrí una viejísima guía de Lugano que leí antes de partir para mis estudios en Suiza. Muy pronto comprendí que, más que una capital, era una ciudad pequeña, sin la abundancia de teatros, grandes bibliotecas y galerías de arte que esperaba encontrar. Pero descubrí que había un museo: no uno de provincia, sino una de las más importantes colecciones privadas de arte del mundo, la pinacoteca Thyssen-Bornemisza, alojada en la monumental Villa Favorita, que se asomaba al lago. Entusiasmado, ya saboreaba las interminables visitas, aunque apenas llegué a Lugano me enteré de que el verano anterior la baronesa había trasladado toda la colección a Madrid, dejando allí solo unos pocos y no muy significativos cuadros modernos. Posteriormente tuve ocasión de visitar varias veces aquella colección en la nueva sede española, pero

12. Poeta, prosista, dramaturgo y actor polaco gay (1922-1983).

en aquella época solo me quedaba la vieja guía del abuelo que recordaba los tiempos pasados.

Lo que faltaba en nuestra casa, en cambio, era un piano: mi madre había vendido el suyo cuando nació mi hermano para adaptarse a aquellos minúsculos y tristes apartamentos comunistas. Siempre he odiado los espacios angostos, la estrechez tanto intelectual como física, ese sentido de mísera claustrofobia que sofocaba la mente y el corazón. Faltaba el piano porque en nuestra casa solo habríamos podido ponerlo sobre nuestras cabezas, como en una pintura surrealista: habríamos necesitado un Giorgio de Chirico para colocarlo como en uno de sus interiores metafísicos.

Mi madre volvió a comprar un piano años después, una vez sola con sus hijos, pero solo mi hermana aprendió a tocarlo, recogiendo el testigo de la vieja pasión que mi madre se había visto obligada a abandonar: había dedicado todo su tiempo a nosotros, sus hijos, sin reservar ni siquiera un minúsculo espacio para ella. Cómo me agradaba oírlas tocar juntas, aunque solo eran largos ejercicios sin fin: era música y me bastaba. Nunca olvidaré mi primera escapada en Lugano para asistir a un concierto en la Scala de Milán: el billete costaba cinco mil liras para una entrada en la segunda galería, desde donde se veía perfectamente la gran lámpara y, entre centenares de bombillas y cristales, con una pizca de suerte y un poco de equilibrio, se podía vislumbrar también a la cantante. La música me extasiaba, llevándome a un mundo donde de veras existía.

Pero el recuerdo más nítido de mi infancia continúa siendo la gran pared cubierta de libros. Aquella imagen me obsesionaba también porque representaba mi objetivo preciso: más aún que una colección de arte, soñaba con poseer una inmensa biblioteca. Y, con el tiempo, casi logré alcanzar mi objetivo: vivía siempre inmerso en los libros, sabía localizar exactamente la ubicación de cada volumen que me pasaba por la cabeza como en un catálogo mental. En tiempos más recientes tuve que guardar muchos de mis volúmenes en cajas porque en mi casita de Roma, una especie de «armario» en que vivía, las paredes eran minúsculas y solo había podido meter una librería de Ikea, en el centro del cuarto, de la que desbordaban los libros. De un lado caían directamente sobre la cama, del otro sobre el escritorio, ¡sin contar que en alguna parte debía estar también yo! Todo esto hasta el momento que comencé, pieza a pieza, a vender mi biblioteca, obligado por la perspectiva de un inevitable traslado después de la salida del armario que estaba meditando hacer. Deshacerme de los libros ha representado para mí un violento homicidio o, por mejor decir, un suicidio asistido con una buena dosis de inmerecido masoquismo, realizado entre los pequeños muros domésticos. En aquella decisión durísima había también un motivo más profundo: me daba cuenta de que aquellos libros me habían alejado del mundo, de las personas de carne y hueso. En parte me habían ayudado a soportar las absurdas imposiciones de la Iglesia, pero al mismo tiempo constituían un elemento de mi prisión. Deshacerme de ellos era un terrible pero necesario ejercicio espiritual. Espero que antes o después llegará un día en que, en mi nueva vida, recuperaré mi biblioteca: volveré a comprar mis libros como mi madre adquirió un nuevo piano.

Como homosexual, he estado largamente convencido de que solo podía tener la familia de origen. Y, en efecto, amo mucho a la mía. Pero hoy sé que los gais no están destinados, a causa de una sociedad heteronormativa, a estar al exclusivo servicio de los propios padres, hermanos o tíos. Cada gay, cada lesbiana tiene derecho a crear su familia como cualquier persona en este pequeño planeta, en el cual todos buscan, más o menos felizmente, amar y ser amados, no estar solos, porque es la naturaleza la que impulsa a las personas a unirse. Impedir que un gay o una lesbiana satisfagan este deseo natural es manifiestamente cruel y despiadado.

Hoy sé, además, que para los homosexuales pueden existir también familias de elección, de selección: muchos amigos míos rechazados por sus familias de origen han encontrado nuevas comunidades y nuevos contextos familiares, más allá de los matrimonios con las respectivas parejas; círculos donde, por la gracia de Dios, son finalmente reconocidos. Los católicos tienen razón cuando repiten que la familia es lo más importante; sin embargo, al mismo tiempo intentan destruir ideológicamente a las familias formadas por dos gais o por dos lesbianas. Sin embargo, estas se regeneran, renacen y resurgen. Los gais y las lesbianas, rechazados, excluidos, abandonados o simplemente compadecidos por las familias de origen, desean formar familias propias. A menudo se encuentran en otros espacios domésticos y familiares con quien los quiere, como exigiría el Evangelio de los católicos. Así se constituyen familias que no odian, no humillan y no juzgan, sino que simplemente aman. Sobre la esencia de la familia, sobre el afecto, sobre el respeto y sobre la fidelidad familiar he aprendido mucho más de los homosexuales que de las teorías de mi Iglesia. Los gais y las lesbianas, al igual que los heterosexuales, no desean más que la seguridad y el calor de una vida humanamente familiar.

Y así estos muchachos se alejan para tratar de ser felices, o al menos para liberarse de la opresión de madres que tiemblan de miedo por el juicio ajeno y no consiguen razonar sobre la irracionalidad de las convicciones religiosas impuestas; de padres dispuestos a renegar de ellos y a preferirlos muertos antes que gais; de familias que esperan que algún castigo divino resuelva definitivamente ese «incómodo problema». Cuántos de ellos han oído decir a sus espaldas, por la voz de sus seres queridos: «Es un marica, enfermo y pervertido», «es una lesbiana desviada y extraña... Ha sido ella la que se ha marchado, nosotros no la hemos echado». Algunos homosexuales, por desgracia, no se liberan de estas voces durante toda la vida, se desesperan al oírlas resonar continuamente.

Los gais y las lesbianas serán siempre una minoría, pero la mayoría heterosexual no puede pensar: «La mayoría somos nosotros..., que la minoría haga lo que quiera, pero que se mantenga invisible..., de nosotros no obtendrá ningún reconocimiento de los propios derechos...» Aún hoy, en muchas familias, en varias comunidades religiosas, no ha cambiado nada. En la mentalidad de mi Iglesia aún se pinta a los homosexuales como bestiales y feroces enemigos de la familia, verdaderos destructores de la belleza doméstica y del matrimonio. Pero, paradójicamente, los gais y las lesbianas a menudo desean formar una familia propia más que muchos heterosexuales. Desean vivir una sana cotidianidad sin tener miedo de decir quiénes son.

Una cotidianidad donde haya simplemente respeto por la dignidad y la diversidad de las personas. La dignidad de cada persona en la diversidad.

Fe

Si debo presentarme, basta que diga: he sido siempre profundamente creyente.

Una persona creyente con una buena dosis de sana razón, ni integrista, ni tibio o indiferente. La fe es algo que recibí con la leche materna: ella nutrió mi primera experiencia de fe y yo quise custodiarla dentro de mí y escrutarla para comprender. Desde niño, la mía fue una fe exigente, una fe de monaguillo severo y riguroso, quizá demasiado. Probablemente —dirá alguien— habría debido aprender a relativizar, a vivir mi credo con más libertad, como hace la mayor parte de los sacerdotes y de los católicos. No, nunca habría podido hacerlo.

Para mí el principio fundamental de la fe era su absoluta coherencia. Una absoluta coherencia interna entre todos los preceptos, las normas y las doctrinas. Una absoluta coherencia en la visión de la vida que ofrecía. Una coherencia cuya lógica debía entender: nunca he considerado la posibilidad de obedecer ciegamente lo que la Iglesia me enseñaba.

Debía obtener las pruebas, demostrar las razones de todo lo que la Iglesia me pedía que creyera, convencida de que el mundo, al haberse secularizado, ya no podía entender su lógica coherente.

De joven soñaba con hacer de arqueólogo: ir al origen de las cosas, entender el pasado, llegar a la raíz misma de nuestro ser. Quizá, precisamente por ese motivo, años después encontré en la metafísica mi disciplina predilecta, porque justamente va en busca de la *arché*, excava en las razones del ser. Eran las mismas exigencias que trataba de satisfacer en la fe. Una vez verificada su coherencia, la defendía a toda costa. Defendía el rigor de la enseñanza moral de la Iglesia, de los preceptos y de las normas, también en materia de sexualidad. Pero de este modo me alejaba de la realidad, corriendo el riesgo de convertirme en homófobo, incapaz de comprender las verdaderas necesidades de las personas. Me indignaba por un mundo que me era presentado como inhumano, cuando era yo quien me apartaba de la humanidad.

Quizás era un poco ingenuo en esa confianza que alimentaba hacia la Iglesia, pero mi fe era tan sincera como la de un niño. Creer era una experiencia plena, reconfortante y liberadora: era mi seguridad, mi consuelo y mi refugio. Tenía siempre la certeza del amor de Dios, y continúo teniéndola. Estaba y estoy sinceramente enamorado de lo divino. La fe también me ha enseñado a amar a mi propia patria, que representa un baluarte contra la opresión de la dictadura comunista.

Era una fe exigente: me educaban y fascinaban las rigurosas páginas del Evangelio. De la fe no esperaba ningún regateo, sino que pretendía la absoluta coherencia entre sus ideas y verdades, entre la doctrina y la realidad. Así quería observar mi fe para tratar de ser perfecto, abandonando madre, padre, todo por Dios. Estaba convencido de que la fe de mi Iglesia nunca me habría impuesto nada falso y, por tanto, en el subconsciente intuía que nunca habría soportado descubrir una contradicción, una «esquizofrenia» entre fe y realidad.

Mi fe entró en crisis —o más bien sufrió una evolución, una forma de maduración— cuando descubrí la incoherencia de la Iglesia sobre la realidad de la homosexualidad y de la sexualidad en general. ¿Qué debía hacer para salvar mi fe? ¿Abandonar la Iglesia? No... no podía privarme del placer de hacer trabajar a los funcionarios eclesiásticos —bastante haraganes— y de verlos preparar —con esas caras de bufones— decretos de suspensión, excomuniones, penas adicionales... para el traidor, para mí, que había osado elegir la libertad en vez de sus paranoicas imposiciones. No quería darles la satisfacción de archivar mi expediente como se hace con aquellos que «salen» de la Iglesia. Así habrían también de inventarse algo para justificar su papel y sus sillones interrumpiendo sus largas pausas para el café. Y yo, entre tanto, para salvar mi fe aceptaba el exilio de la Iglesia.

Luego, un día, en una de las primeras audiencias concedidas por el papa Francisco al prefecto de la congregación para la doctrina de la fe, leyendo los decretos correctivos dispuestos para un viejo teólogo, descubrí que el pontífice preguntó: «¿No sería mejor invitarlo a tomar una cerveza y hablar con él, como hermanos, para resolver la cuestión?» El prefecto nos contó luego ese episodio, sonriendo por la ingenuidad del nuevo papa, como de alguien que no entiende cómo se gobierna la Iglesia. ¿Escuchar al otro, de hermano a hermano, y tratar de comprender juntos? No, ¡y menos en la Iglesia católica! El papa Francisco profesaba abiertamente su fe en una religión fraternal, empática y compasiva, pero también él tendría que aprender cómo se comporta la Iglesia real, donde es preciso tener la boca cerrada. Con el tiempo yo aprendí asimismo la lección de esta Iglesia: la hipocresía de una fraternidad solo aparente que en realidad apoya la disposición de atacar al otro por la espalda, utilizando el arma del formalismo. El santo oficio se reía de la ingenuidad de la fraternidad y de la atención a la razón y a la realidad: la Iglesia debía gobernarse con leyes y normas que debían respetarse con los ojos cerrados y sin confrontarse con la realidad. Obedece ciegamente o estás fuera.

Y he aquí que acabo de desvelar que fui un alto funcionario de la Iglesia católica, en el Vaticano...

Patria

Mi patria es Polonia, un país glorioso.

Estoy orgulloso de mis orígenes: no quisiera haber nacido en otra parte que no fuera en esta tierra. La considero europea y noble. Soy un romántico que se emociona hasta las lágrimas al pensar en la continua sucesión de insurrecciones y resurrecciones de su patria. Al mismo tiempo, la sueño libre de ideas provincianas y estrechas, abierta a los horizontes, de mentalidad tolerante y profundamente respetuosa de todos y de cada uno.

Nací en Gdynia, una ciudad moderna de la Pomerania, sobre el mar Báltico, que forma parte de un área metropolitana llamada Triple Ciudad (Trójmiasto) con la histórica Gdańsk (Danzig) y la ciudad balnearia de Sopot. Gdynia fue construida en el período de entreguerras sobre un pequeño pueblo de pescadores: en efecto, en la primera posguerra Gdańsk había sido nombrada «ciudad libre» por los acuerdos de Versalles, con lo cual los polacos tenían graves obstáculos para acceder a ella. Se decidió, por tanto, construir otro puerto apenas a veinticinco kilómetros de distancia.

Gdynia continúa siendo para mí la ventana que, como en un cuadro de René Magritte, se abre hacia el cielo sereno del mundo; incluso durante el comunismo, cuando las ventanas de todo el país estaban blindadas, en Gdynia permanecían al menos entornadas. ¡Cuánto he soñado tener una gran casa en mi ciudad, de dos plantas, con una fachada entera acristalada que diera al mar y, del lado opuesto, un cuadro de Magritte!

En nuestra tierra Gdynia era llamada «la Corinto del Norte»: gracias al tráfico y al intercambio comercial del puerto, era un centro moderno, emprendedor, laborioso, donde no se podía frenar del todo el flujo de estímulos del exterior; en los años ochenta, a pesar de la grisura cultural del régimen, en el teatro se podía asistir a los musicales americanos que venían de Broadway, de *El violinista en el tejado* a *Jesucristo Superstar* o *Los miserables*. Siempre he amado mi ciudad porque allí me parecía que el provincianismo polaco, como lo habían descrito Witold Gombrowicz, Stanisław Ignacy Witkacy y Bruno Schulz,[13] era solo un lejano recuerdo.

---

13. Tres grandes representantes de la vanguardia polaca: el primero, Gombrowicz (1904-1969), irreverente crítico de la estupidez de los complejos polacos, famoso por las novelas *Ferdydurke* o *Pornografía*; el segundo, Witkacy (1885-1939), fue un renombrado dramaturgo, filósofo, escritor y pintor; el tercero, Schulz (1892-1942), fue un escritor, artista y crítico literario de origen judío. Si fueran nuestros contemporáneos, sin duda serían defensores del movimiento de liberación gay.

La mía es una familia polaca, aunque llamándonos Charamsa muchos pensaban que no lo éramos: en realidad, sobre nuestro apellido se contaban las historias más disparatadas, la mayoría de las cuales eran infundadas. Mi abuelo decía que los Charamsa eran de origen español, instalados en Polonia después de una peregrinación a través de varios países europeos: en efecto, diversos Charamsa se encuentran hoy en la República Checa, en Austria y en Alemania. Otros sostenían que nuestro apellido era, en cambio, oriental, de orígenes árabes o persas. En realidad, los familiares de mi abuela paterna habían dejado algunas posesiones en Moldavia, mientras que los del abuelo provenían del voivodato de Volinia, hoy en Ucrania.

A mí no me disgustaría descubrir que tengo también orígenes judíos: así se entendería mi natural simpatía, curiosidad y benevolencia por esos hermanos y hermanas. Nunca he compartido el sentimiento que la Iglesia, y la inquisición en particular, ha tratado de infundir, sembrando sobre ellos sospechas y desconfianza. Durante mucho tiempo he vivido esta contradicción: me gustaban los judíos, pero debía desconfiar de ellos para defender la pureza de mi fe católica.

En esta actitud reconozco la misma lógica que la Iglesia, atemorizada ante cualquier diversidad, siempre ha aplicado a los homosexuales, que también han de ser «convertidos» o eliminados debido a su disimilitud del modelo heterosexual. Una eliminación sutil, astuta y minuciosa, para la cual no eran necesarios los campos de concentración: bastaba borrar psicológica, moral y socialmente cualquier diversidad con un martilleo diario.

Con mi apellido, que no suena muy polaco, siempre he advertido dentro de mí una vocación internacional: soy, sí, polaco, pero en cuanto europeo. No me siento hijo de una Polonia encerrada en sí misma, que usa la violencia psicológica contra aquellos que están alejados de las tradiciones patriarcales, misóginas y homófobas; no me siento hijo de una Polonia clerical, de un Estado confesional y teocrático, semejante a muchos países orientales, donde los ambientes religiosos participan activamente en el poder y deciden sobre las vidas de los ciudadanos; rechazo el provincianismo de Polonia, sofocada por los estereotipos confesionales que ya no permiten pensar de forma autónoma, donde la gente cree ciegamente. Creen y no piensan, porque la Iglesia ya ha pensado en su lugar. Devoto, ignorante y callado: es el modelo del polaco al que tiende el clero y que, por desgracia, a veces obtiene buenos resultados.

En Polonia la Iglesia está fuertemente unida al movimiento que en el pasado nos permitió defendernos de la dictadura comunista. Sin embargo, después de la caída del muro, se ha transformado en una Iglesia mediocre, concentrada en la reconquista y en el mantenimiento de su posición dominante en el ámbito político y económico. En los últimos veinticinco años la Iglesia polaca ha conseguido destruir todo lo que de grande y bueno había sabido realizar bajo el régimen comunista: solo espero que la historia juzgue como es debido a los hombres que han estado en la cúpula de una institución temerosa de la modernidad e indigna de su papel. En el transcurso de menos de tres décadas, ellos han conseguido hacer de mi patria un país grotesco, dedicado a la idolatría, que ha transformado a Juan Pablo II en un verdadero vellocino de oro. En Polonia hay más de mil quinientas escuelas y guarderías que llevan su nombre, los obispos se han dedicado a bendecir horribles monumentos dedicados a él, repartidos por todos los rincones del país, en un vergonzoso certamen de fealdad. Ya lo tenemos retratado en las más desatinadas posiciones. Con el mismo furor ideológico con que el régimen comunista había erigido monumentos a Lenin o a Stalin, ahora se han elevado esculturas conmemorativas del papa polaco, a veces en las mismas calles y plazas, con la misma falta de estilo y de medida que había distinguido al sistema comunista.

Tras la caída del muro, la Iglesia polaca aplicó los mismos métodos comunistas de dominio de las almas, de control ideológico y de sumisión de las masas asustadas: mientras que la dictadura concluyó en Europa, en mi país la Iglesia la ha conservado eficazmente, dedicando los espacios que quedaron libres tras la retirada de las estatuas de Lenin y Stalin a las efigies del papa Wojtyła. Al mismo tiempo, este es un tema sobre el que ni siquiera es posible discutir, tal como no era posible discutir bajo el régimen: se corre el riesgo de ser denunciados por ofensa de los sentimientos religiosos. Expresar una simple duda sobre el valor de algunas decisiones o proyectos es considerado, como en los tiempos de la dictadura, un ataque al sistema mismo. Los funcionarios del nuevo régimen, ya no del partido único sino de la Iglesia, se justifican afirmando que esta visión «monumental» es algo que la gente quiere, y que ellos no hacen más que tomar nota de los sentimientos del pueblo. Pero omiten decir que, de este modo, se sitúan como nuevos «formadores de conciencias» que acaban por dirigir a su antojo cualquier decisión del pueblo. Y, sobre todo, han llenado mi patria de monumentos al ídolo, sosteniendo que ha sido el pueblo quien los ha querido.

Cuando vi por primera vez el horrible y mastodóntico centro pastoral en memoria de Juan Pablo II en Cracovia, a dos pasos de otra iglesia inmensa, dedicada a la misericordia, pensé con desazón en ese papa que se había opuesto al comunismo y ahora —en la cripta apenas terminada— me miraba desde todas las paredes, en pinturas monstruosas que recordaban más bien los retratos de un dictador norcoreano. Del mismo modo, ahora en Varsovia están utilizando también fondos públicos para construir un templo a la providencia divina, un verdadero y enorme búnker: otra construcción mastodóntica sobre la que no es posible discutir. La Iglesia ha sofocado el país con obras insoportablemente grandes y sin belleza alguna, como en su tiempo le agradaba hacer al sistema comunista para afirmar el propio poder, contra el cual era mejor no pronunciarse, ni siquiera en voz baja.

Amo a mi patria, una pariente quizá más pobre que las otras naciones europeas, pero no carente de la dignidad de una historia gloriosa, abierta y tolerante. Amo la Polonia que dio una de las primeras universidades del mundo, la jagellónica de Cracovia, nacida en 1364; la Polonia que auspició una de las primeras constituciones de la época moderna; la Polonia que en diversos períodos fue capaz de proteger a los judíos oprimidos en otras regiones de Europa; la Polonia que en otras épocas no seguía las duras leyes persecutorias contra las personas homosexuales que, en cambio, regían por todas partes; la Polonia capaz de tomar en préstamo de los turcos el corte o la confección de los trajes para sus nobles. La mía no es una Polonia xenófoba, fundamentalista e intransigente, sino un país abierto y, al mismo tiempo, orgulloso de la propia identidad, de la cultura, de la literatura y del teatro. A veces —cuando veo que la Iglesia controla las carteleras de los teatros y consigue suspender los espectáculos que no le agradan— me pregunto dónde está, hoy, esa Polonia.

Mi país, que por suerte en las últimas décadas se ha desarrollado económicamente, ha perdido credibilidad desde el punto de vista espiritual, porque está liderado por un clero hecho de manipuladores ideológicos intelectualmente miopes, pero en cualquier caso hábiles en su afán de hacer carrera eclesiástica. Ya no se distingue entre lo que es esencial para la fe de un creyente y lo que obedece al interés del poder secular de una religión, que no pocas veces se revela ofensiva y mediocre. Y así el valor de un polaco se calcula según si está o no de acuerdo con la exposición del crucifijo en los lugares públicos, como si la cruz fuera esencial no solo en cada habitación de la casa de una familia cristiana, sino también en todos los espacios compartidos con judíos, musulmanes y ateos. En este clima de opresiva invasión católica, los otros no tendrían ni siquiera derecho de existir.

Polonia es un país donde suscita debate y hasta desdén el hecho de que el nuevo alcalde de una ciudad tenga el valor de quitar el retrato del papa Juan Pablo II, que encontró en el despacho heredado de su predecesor. Polonia es un país donde en las oficinas públicas cuelga de la pared no el retrato del presidente de la República, ¡sino el de un jefe religioso muerto!

En Polonia la Iglesia, sutil y solapadamente, incita al odio, a la intolerancia y a la discriminación, pero espero que llegue un día en que los polacos abran los ojos y abandonen esta actitud, convirtiéndose en adultos civilizados y tolerantes, y recuperando el derecho a pensar sin que el clero lo haga por ellos. Sueño con el día en que se despertarán: claro que no querría que la Iglesia perdiera a sus fieles, pero ahora en Polonia no veo otro camino para liberarse de un clero fariseo y prepotente.

Emblemático de este clima fue lo ocurrido después de la tragedia del avión presidencial, que se estrelló en Smolensk en 2010.[14] Recuerdo el drama nacional, que seguí pegado al televisor durante toda la semana: lloré, y no solo porque me conmuevo fácilmente, sino porque amo profundamente a mi pueblo, que aquel día vivía una de sus más graves catástrofes. No podía entender que Dios hubiera permitido semejante tragedia en este pobre país que se había liberado hacía apenas veinte años. Pero si hoy pienso en lo que aquella desgracia produjo en la mentalidad popular, ya no vierto ni una lágrima. La tragedia se ha transformado rápidamente en un circo ridículo: una fila de mitómanos, una explosión de acusaciones sobre un posible atentado, leyendas de conspiraciones útiles para la política de la bendita derecha de la Iglesia. Y, para completar las grotescas celebraciones, la reconstrucción a escala real del avión con las fotos de los políticos sonriendo por las ven-

---

14. El 10 de abril de 2010 cayó el avión que transportaba a la delegación presidencial a Katyń para la conmemoración de los soldados polacos muertos por Stalin setenta años antes. Murieron noventa y seis personas, entre otros, el presidente de la República, con su mujer, varias personalidades del mundo de la política y de las finanzas, y algunos altos mandos del ejército polaco. La lectura de las cajas negras identificó un error humano de los pilotos sometidos a inadmisibles presiones psicológicas. De la caja negra se oyó una voz atribuible al general Błasik, superior de los pilotos, que irrumpiendo en la cabina insistía en aterrizar a pesar de que las condiciones meteorológicas no lo permitían. En ese escenario, hoy pienso sobre todo en los pilotos, víctimas de una sociedad machista opresiva y jerarqui-

tanillas, no sin la debida protección del párroco local. La temática de los monumentos había cambiado: con la ayuda de la Iglesia, los católicos polacos lograron transformar un drama humano en una sucesión de manifestaciones de mal gusto.

En aquellas décadas uno de los instrumentos de la propaganda de la Iglesia fueron la emisora de radio Maria, la televisión *Trwam* (Persevero) y el periódico *Nasz Dziennik* (Nuestro Periódico). Recuerdo con desazón la imagen que aparecía cuando terminaban las transmisiones de esa cadena televisiva: un mensaje publicitario rezaba durante toda la noche: «Somos la única voz de la verdad en tu casa, debes sostenerla con tus donaciones.» Pienso con dolor en cómo esta única voz de la verdad ha formado y transformado una parte de la conciencia de mi país con medios de propaganda cada vez más imperiosos.[15]

A pesar de todo esto, no dejo de soñar con una Polonia de visión amplia y tolerante, un país de creyentes maduros, no de ideólogos que gestionan las locuras con una propa-

---

zada que pretende mostrar a todo el mundo que es capaz de hacer cualquier cosa sin tener en cuenta la realidad, ni siquiera la meteorológica. He conocido presiones y tensiones análogas en ciertos ambientes eclesiásticos, donde se actúa con las mismas modalidades y resultados a veces trágicos. Ruego por la paz eterna de los pilotos y de todos los inocentes muertos en esta tragedia.

15. Marcin Wójcik ha presentado la dolorosa página de una especie de «secta» fundamentalista que ha intentado gobernar el país en *W rodzinie ojca mego*, Wydawnictwo Czarne, Wołowiec, 2015. Por otra parte, el ex jesuita polaco Stanisław Obirek ofrece una perspicaz crítica del catolicismo polaco en *Polak katolik?*, CiS, Stare Groszki, 2015.

ganda cuya credibilidad no se verifica. Sin embargo, soy consciente de que para esto habrá que esperar aún algunas generaciones. Entre tanto, es preciso seguir denunciando la estupidez de la ideología, sabiendo que difícilmente se puede cambiar algo de hoy para mañana. Detrás de todo esto hay una mentalidad que la Iglesia ha sabido formar. *Chapeau bas!* por su eficacia.

Escuela

El recuerdo actual que tengo de la escuela es de constante aislamiento.

Me sentía distinto pero no podía revelarlo a nadie, ni aún menos podía buscar comprensión, y eso me creaba una constante sensación de soledad. Pero, pensándolo bien, no era yo quien me aislaba: el clima general, hostil a la diversidad, me empujaba a encerrarme en mi universo, inalcanzable para todos los demás, pero lleno de sentimientos y deseos, de arte y fantasía. Era la típica experiencia de alienación de un gay que aún no entiende qué pasa sobre las olas de su diversidad, pero tiene miedo de ellas y, por tanto, evita el contacto con el mundo.

¿Estaba aislado? Sí, pero sobre todo no tenía los instrumentos para indagar mi diversidad. Hoy observo que los homosexuales, hombres y mujeres, durante siglos incomprendidos y excluidos como lo fui yo, han desarrollado una sensibilidad totalmente suya, han creado y recreado un universo propio, han tenido el valor de soñar algo nuevo, aventurarse a lo inexplorado, abrir a los otros los horizontes de la belleza y de las artes.

De joven era un estudiante aplicado y puntual, minucioso más allá de todo límite y quizá por eso podía parecer insoportable. Quería comprender y seguir por mí mismo la verdad definitivamente demostrada y no aceptaba soluciones provisionales, medias verdades útiles solo en lo inmediato. Me lo tomaba todo en serio: era «asquerosamente» adulto. Me parece que nunca he sido un muchacho, un adolescente.

Ya en la escuela primaria me esforzaba por obtener la mejor nota. En Polonia, aún bajo el régimen, se enseñaba ruso, la lengua de los opresores. Yo odiaba el comunismo con la misma intensidad con que amaba la lengua y la literatura rusas. Recuerdo que en aquel tiempo estaba enamorado de San Petersburgo y del Ermitage inmerso en las noches blancas, de Moscú con la galería Tretiakov y el museo Pushkin: conocía tan bien aquellos museos que hubiera podido hacer de guía autorizado.

Fuera de la escuela, en cambio, asistía a clases particulares de inglés con una joven estudiante que no siempre estaba satisfecha con mis resultados. En realidad, me costaba por mi innata dificultad para observar las reglas gramaticales. Pero aún no sabía que, una vez salido de Polonia, ¡comenzaría mi gran aventura con tantas lenguas distintas!

En la escuela los chicos eran demasiado violentos para mis baremos, mientras que para ellos yo era, quizá, demasiado débil. Además, no jugaba al fútbol y, si en la actualidad hay varios gais apasionados por este deporte, entonces

—según un prejuicio a menudo infundado que persiste aún ahora— quien no jugaba al balón era muy sospechoso de ser homosexual y, por tanto, se convertía en objeto de burla.

En consecuencia, para mí el deporte constituía el mayor sufrimiento; las clases de gimnasia me provocaban una verdadera ansiedad porque sufría terriblemente por aquellos momentos de vergüenza. Sentía que era distinto, pero al mismo tiempo dentro de mí me sentía satisfecho de esta diversidad: feliz de no ser como los demás, aunque sufriendo por no ser aceptado. Luego vivía la nota de gimnasia como un drama: habría deseado tener la máxima para que no bajara la media anual.

Con el tiempo, desde el punto de vista atlético he alcanzado a mis compañeros de entonces. Hoy voy al menos tres veces por semana al gimnasio. No me son extraños el *kick boxing*, ni el *TRX suspension training* ni el *CX WORX* o el *body balance*, pero practico sobre todo el *spinning*, cuyo ritmo me hace recuperar las veladas en la discoteca que me han faltado en la adolescencia; luego empecé a correr, a nadar y también a esquiar en las bellísimas pistas de los Alpes de Siusi, donde en la cena tenía la compañía de una vieja amiga alemana, con la que practicaba la lengua de Goethe. Hoy soy deportista y, si pienso en el poco atlético adolescente gay que he sido, comprendo y compadezco a aquel chiquillo que lloraba en el rincón cuando era escarnecido y humillado en la escuela. Cuando sé que era igual a los otros, no distinto.

El tiempo de la escuela fue para mí una época de conquista y de sufrimiento, de aislamiento insoportable y de duro estudio: temía a los chicos y a la vez me sentía atraído por ellos; además, como sucede a muchos adolescentes, me atormentaba imaginar sus penes, que suponía más grandes que el mío, pero que nunca había visto.

En aquella época estaba solo y justificaba esta condición de soledad con el hecho de que quería ser cura. Ya en la escuela primaria era un deseo claro y definido en mí; de niño, no jugaba a hacer de sacerdote, sabía que quería serlo y esta nítida percepción acompaña cada recuerdo que conservo de mi infancia. Hoy sé que este deseo estaba profundamente relacionado con el hecho de ser gay y con la actitud espiritual que caracteriza a muchos homosexuales haciéndolos particularmente abiertos hacia lo trascendente, lo divino y la religión.

Por otra parte, la idea del sacerdocio no estaba ligada a la posibilidad de evitar el matrimonio y la formación de una familia: yo no era de los que, teniendo conciencia de su orientación sexual, bajo la presión social eligen el hábito talar con la idea de llevar una vida solitaria, en el refugio del celibato. Quería convertirme en sacerdote porque —con sensibilidad homosexual— advertía un arrebato hacia la espiritualidad.

Así nació mi gran drama: una parte esencial de mí alentaba la fe que me llevaba a adherirme a la Iglesia; otra parte, igual de esencial, era la homosexualidad que, no obstante, era exasperadamente negada. Como cura, quería ofrecerme por completo a la Iglesia; pero un aspecto fundamental, inseparable de mi ser, era estigmatizado por ella y lo consideraba incompatible.

Habría esperado encontrar en el interior de la Iglesia una voz más equilibrada y menos arrogante con la que poder discutir, pero este apoyo nunca ha llegado. En cambio, mucho más tarde obtuve un apoyo en las lecturas de Michel Foucault sobre la sexualidad y sobre la historia del sexo en Occidente:[16] el filósofo francés reafirmaba la centralidad del sexo en la construcción de la personalidad.

Sin embargo, el descubrimiento más liberador fue para mí el conocimiento de Judith Butler y de la teoría *queer*.[17] Un día, fascinado por sus libros, dije a un amigo cura: «Aunque esta mujer solo tuviera razón en el diez por ciento de lo que dice, la Iglesia tendría motivos para temblar y habría de empezar rápidamente a confrontarse con su análisis.» Él, con su innato sentido del humor y su capacidad para desdramatizar, me respondió: «Precisamente porque parece que tiene más del diez por ciento de razón, no nos ocuparemos en absoluto de esta señora. Además, es una

---

16. Basta pensar solo en sus tres volúmenes de *Histoire de la sexualité* (Gallimard, París, 1976-1984), que es preciso leer para entender en qué punto estamos en la toma de conciencia de nuestra sexualidad: 1) *La voluntad de saber;* 2) *El uso de los placeres;* 3) *El cuidado de sí...*
17. Pienso en su escrito *El género en disputa. El feminismo y la subversión de la identidad* (Paidós, Barcelona, 2007), que se debería leer, pero solo después de haber profundizado en todo el pensamiento feminista con que la Butler se confronta. Al leerlo, me di cuenta de cuánto había ignorado hasta aquel momento a Jacques Lacan, Julia Kristeva, Monique Wittig, Luce Irigaray, Simon Watney... Condicionado por mi formación católica, me limitaba a contrastar a Freud, Sartre y Simone de Beauvoir, pero no me daba cuenta de que el mundo había avanzado... Qué ignorante me sentí leyendo a la gran Butler, ¡y qué hermosa sensación de liberación sentí después!

mujer, y quién sabe si no es lesbiana...» ¡Butler es lesbiana! Por un momento conseguimos reírnos de esta Iglesia asustada del pensamiento ajeno.

En la escuela me sentía solo, pero esto no significa que no tuviera amistades, entre las que también había chicas: recuerdo sobre todo dos, una en la escuela primaria, la otra en los tiempos de la secundaria. Con la primera fui a la ópera cuando teníamos trece o catorce años (entonces en Polonia la primaria duraba ocho años). Parecía una actividad más propia de jubilados, pero ya en aquel tiempo la ópera era para mí el lugar donde me sentía más a gusto, el territorio más gay de la ciudad. La ópera siempre me había atraído y me hacía sentir yo mismo: soñador y creativo. (En los últimos tiempos he debido dejarla de lado porque mi prometido, con la lírica, se duerme: ¡en esto, no parece tan gay como yo!) Con la segunda chica solíamos mantener diálogos histórico-filosóficos. Quizá también en este caso parecíamos más dos pensadores con una carrera a las espaldas que dos jóvenes en busca del amor. Aquellas dos chicas eran excelentes personas, pero en realidad huía también de ellas: las consideraba amigas —para mí: las amigas de un gay—, solo que ellas no podían imaginar ese detalle de mi vida. Y yo debía hacer de todo para que no albergaran otras ideas...

Me sentía bien con las chicas, más sensibles y serias que mis coetáneos varones que habrían podido considerarme afeminado, cosa que entonces me causaba terror. Hoy ese estereotipo ya no me crearía ningún problema, pero en aquella época representaba una preocupación constante. Sentía un absurdo miedo a ser percibido como «un llorica pegado a la falda de su mamá» o «un chiquillo que está solo con mujeres», estimadas inferiores a los varones. Era el mismo temor, quizás una forma interiorizada de misoginia, que reconocí más tarde también en la Iglesia. Este sentimiento antifemenino se agazapa asimismo en la homofobia, por lo que un gay no es más que un desgraciado afeminado. Hoy estoy tranquilo respecto de mi virilidad: amo mi masculinidad que se enamora de los hombres. Con el paso del tiempo, los homosexuales hemos afirmado y defendido suficientemente nuestra masculinidad: no somos hembras, pero estamos bien tanto con los hombres como con las mujeres, comprendemos a estas últimas y las apoyamos en la afirmación de sus derechos, como, por otra parte, debería hacer todo hombre. Hoy, si acaso, son los varones homófobos los que demasiado a menudo alimentan en su interior el miedo de ser considerados unas «mujercitas», un miedo que esconden con la violencia.

En realidad, en los tiempos de la escuela, en mi mente de buen alumno adolescente no había una verdadera conciencia de ser gay o, si existía, era eliminada. La «mataba» en un valiente suicidio cotidiano, un acto masoquista. En mi fantasía solo podía haber espacio para el deseo de ser sacerdote. Solo albergaba la ambición de una vida solitaria, de una vida de estudio consagrada a la enseñanza.

El centro de bachillerato al que asistí era uno de los mejores de Polonia y siempre he estado profundamente orgulloso de él; era un instituto del todo especial, porque una parte de las disciplinas se enseñaba en inglés. Entre las materias prefería la más «femenina» historia a la más «viril» matemáticas. Odiaba las materias científicas, pero la sección con la especialización histórico-literaria, que me habría gustado, no era considerada la mejor; decidí, por tanto, optar por la físico-matemática. Los primeros dos o tres años fueron bien, porque el profesor de álgebra era más un filósofo que un matemático. Yo esperaba con impaciencia el momento en que, en medio de la clase, apartándose de los insoportables cálculos, empezaba sus sugestivas reflexiones metafísicas. Pero el drama fue cuando se jubiló y en su lugar llegó una docente que solo se tomaba en serio los cálculos, que para mí se convertían cada vez más en una materia esotérica, de otro mundo. A la pesadilla del deporte se añadían ahora los profundos misterios matemáticos. Cuánto habría dado por poder ocuparme solo de literatura, historia y filosofía. Qué no habría dado por poder pensar, no calcular.

Me consolaba cuando había una hora libre. Aprovechaba para desaparecer y huir a una cercana iglesia franciscana, donde me escondía para rezar. Eran momentos intensos de los que no hablaba con nadie. Desde hacía mucho tiempo ya sabía que quería convertirme en cura, pero recuerdo que en aquellas horas de intensas experiencias interiores solo rezaba para no ser gay. Rogaba a Dios para que alejase de mí esos sentimientos, resolviera mis dudas, borrase los deseos que no debían encontrar sitio en mí. Pero Dios no escuchó mi plegaria, quizá porque a él no le agrada cuando se reza para obtener algo que va contra la propia naturaleza, en vez de esforzarse por comprenderla junto a él. Dios no me ha quitado el deseo, el placer ni los sentimientos homosexuales, pero en aquellos momentos me daba paz. De la iglesia franciscana volvía cada vez más sereno, como si aquel «problema» interior estuviera temporalmente arrinconado, o como si a Dios no le importara en absoluto, sino que le interesaran otros valores míos.

Esa experiencia liberadora de diálogo con Dios ha permanecido siempre dentro de mí, a pesar de que ni el seminario ni la cotidianidad en la Iglesia la hayan sostenido o cultivado, al contrario. La mayoría de las veces los sacerdotes no reciben formación para establecer una relación personal con Dios, una relación que transmitir a los fieles, sino solo para ejecutar mecánicamente una secuencia de acciones devotas, que la Iglesia impone bajo el temor del pecado.

Pero, por suerte, existió aquel tiempo de adolescente en que aprendí a rezar como un adulto.

Vocación

Me siento llamado por Dios.

Ya he mencionado que la vocación me ha acompañado desde siempre. Desde los primeros instantes de vida supe que quería ser sacerdote. Luego también quise ser arqueólogo y estudiar historia, pero una cosa no excluía las otras. Quizá la actividad de excavación no habría sido conciliable con la sacerdotal. Quizá. Pero en todo caso solo esa.

Quería estudiar historia probablemente por una afinidad innata con todo aquello que fuera antiguo y tradicional, con lo que hubiera superado la prueba del tiempo. Por otra parte, también el cristianismo presentaba el pasado como un modelo. En el mundo clásico encontraba las respuestas a mis preguntas sin pensar en el presente, el arte y la literatura contemporáneos. Así, me rodeaba de aquel pasado que coincidía con el «tiempo de las catedrales», que para mí representaba el orden y la regla, algo de lo que me fiaba: más tarde tuve que ajustar las cuentas con el hecho de que aquel tiempo implicaba también injusticias, prejuicios y sospechas. Aquella época de rigor y disciplina había instaurado asimismo un clima de intolerancia y discriminación que se había prolongado durante siglos. Solo después de haber tenido esta intuición, pude comenzar mi aventura en el pensamiento de hoy, en el rostro del hombre moderno, en la *psyché* del arte contemporáneo.

En el fondo, lo que deseaba no era excavar la historia, sino introducirme en ella con las certezas de mi formación cristiana. La metáfora que mejor representa mi condición de entonces es la de san Cristóbal, mi santo protector. Mi madre había decidido asignarme este nombre, confiándome a su protección, porque había nacido débil y se necesitaba el apoyo de un santo fuerte para que me criara sano y robusto. Cristóbal, quizás un militar, había decidido servir al amo más poderoso de la tierra y, por tanto, había elegido a Dios. La leyenda narra que Cristóbal estaba ayudando a las personas a cruzar un río en un punto donde no había puentes; una noche, mientras dormía en su campamento sobre la orilla, un niño lo llamó, pidiendo que lo llevara a la orilla opuesta. Aunque cansado, Cristóbal, al verlo, se lo puso sobre los hombros, suponiendo que sería un trayecto rápido y fácil, pero mientras estaba en el agua empezó a hundirse bajo el peso de la delgada criatura. Solo después de haber llegado, exhausto, a la otra ribera, preguntó al niño quién era y este le reveló que era «ese amo del mundo al que tú sirves. Yo soy aquel Dios que se ha hecho hombre, aquel Dios niño».

En mi vida siempre he querido servir a ese amo que no tiene a nadie más fuerte por encima de sí. La elección del cristianismo era radical, vigorosa, exclusiva y absoluta; no admitía otras verdades ni otras vías para alcanzar la verdad.

Ya de niño, de muchacho, percibía el cristianismo como el puerto más seguro de mi vida, y en esta percepción no había espacio alguno para la incertidumbre, el relativismo y la duda. Todo era absoluto. Me sentía como Cristóbal, es decir, «portador de Cristo»: la leyenda del santo está inscrita en su nombre, y, por tanto, también en el mío. Quería ser como él, transportar a las personas hacia la verdad que se encuentra en la otra ribera del río de la vida. Era radical y sincero: hoy diría un poco *naif*, ingenuo y demasiado inocente. Quizá por eso, cuando empecé a enfrentarme seriamente con la mentira católica sobre la homosexualidad, la primera experiencia no fue la rabia por haber sido engañado, por haberme dejado confundir durante tanto tiempo, sino una intensa tristeza, la desilusión y una sensación de vacío. Por supuesto, no quería abandonar mi vocación, pero entendía en un mar de sufrimiento que aquel sistema que llevaba como Cristóbal, sobre los hombros, estaba haciéndose añicos. La Iglesia me obligaba a la sumisión ciega, a la falsedad y a la hipocresía, mientras que yo, en la coherencia de mi fe, no aceptaba descuentos. Ambigua y asustada, ella no admitía ninguna confrontación seria con las ciencias sobre la homosexualidad, sino que se refugiaba en estereotipos ofensivos. Así, en mí aumentaba cada vez más la frustración por una mentalidad tan obtusa y cerrada en la propia ideología, incapaz de hacer una serena ponderación de la realidad y sin deseo alguno de enfrentarse a la verdad.

Con el paso del tiempo me sentía como en *Esperando a Godot*: aplastado por mensajes cada vez más insensatos por parte de la Iglesia, ya no sabía si resignarme al absurdo o reír por la desesperación. Pero Godot no llegaba nunca a devolver la razón. Samuel Beckett no se equivocaba.

Sin embargo, esa experiencia me confirmaba la autenticidad y el valor de mi vocación: nunca la abandonaré. Por siempre querré buscar la verdad y llevarla dentro de mí. También querré preservar la coherencia de mi vocación. Y —a fin de cuentas— soy cura y soy gay, y me siento sumamente feliz de ser ambas cosas.

Un seminario, es más, tres

Siempre he pensado en el secreto que esconden las palabras con que Pablo de Tarso describía algo que lo llenaba de dolor y de sufrimiento: «Una espina clavada en el cuerpo» (cfr. 2 Corintios 12,7).[18]

¿Qué lo turbaba tanto como para abandonarse a una confesión tan explícita? Cuando era joven, me parecía intuir que ocultaba dentro de sí un misterio que tampoco fue ajeno a algún papa o cardenal. Escondía la propia homosexualidad. Si esto era verdad, se explicaría por qué estaba obsesionado por las relaciones sexuales entre los hombres, en las cuales reconocía al demonio. Hoy definiría su fijación como homofóbica, es decir, penetrada por el miedo y por el rechazo de sí mismo en cuanto gay.

---

18. «Por eso, para que no creyera yo ser más de lo que soy por haber recibido revelaciones tan maravillosas, se me ha dado un sufrimiento, una especie de espina clavada en el cuerpo, que como un instrumento de Satanás vino a maltratarme.»

De todos modos, ya de adolescente tenía el presentimiento de que aquellas palabras de Pablo estaban ligadas a la sexualidad; era mi personal exégesis paulina, nunca confirmada, porque en la Iglesia no se habría podido discutir una hipótesis semejante, en ningún caso. En efecto, la Iglesia siempre ha afirmado que ese pasaje es oscuro y está sometido a diferentes interpretaciones. Por otra parte —me preguntaba como joven aprendiz en las artes de la fe—, ¿tenía algún sentido demostrar inequívocamente cuál era la espina que atormentaba a Pablo? En mi opinión, no; y de todos modos no se necesitaba tanto para suscitar más de una duda sobre su orientación sexual. Hombre docto y sabio, que había hecho profundos estudios, ardiente en su celo y con una cierta dosis de misoginia: todas ellas características a las cuales se podría fácilmente añadir una presunta homosexualidad vivida en secreto. Por desgracia, en los años de formación, Pablo me indujo a creer que la homosexualidad era algo contra lo que se debía luchar, como se haría contra una enfermedad satánica. De hecho, la Iglesia siempre presentaba los textos de Pablo de Tarso como una condena formal de las personas homosexuales. Pero él nunca hablaba de homosexualidad, sino solo de «homogenitalidad», es decir, de actos sexuales entre hombres independientemente del hecho de que estos fueran por naturaleza gais o heteros. Ni Pablo ni ningún otro autor bíblico podían comprender correctamente las diversas orientaciones sexuales humanas, entonces desconocidas, y por tanto tampoco podían juzgar adecuadamente los comportamientos y los afectos relacionados con ellas. También en este ámbito, Pablo fue hijo de su pueblo y de su época. Por una parte, no le era ajeno el hecho de que sus actos homogenitales estaban severamente prohibidos por los judíos, con el fin de proteger la propia identidad religiosa ante prácticas que en el mundo pagano a menudo estaban relacionadas con la idolatría o la prostitución sagrada, como testimonian algunas páginas bíblicas. Por la otra, Pablo, hombre culto que conocía bien el mundo griego, sabía que allí eran del todo naturales las relaciones homosexuales entre un hombre adulto y otro mucho más joven. Pero en este caso su condena concernía si acaso a la pederastia y no a la sana homosexualidad como la conocemos hoy.

A lo largo de los siglos, miles de personas con deseos y sentimientos homosexuales han pasado por los seminarios católicos, adoctrinadas por la única «verdadera» exégesis de los textos paulinos sobre la homosexualidad, que susurraba a sus oídos: «Odia a los homosexuales, se condenarán eternamente y no estarán con nosotros en el paraíso.» También yo he vivido esta pesadilla: en un ambiente cerrado, entre hombres solos, paradójicamente vestidos con ropas de mujer. Sí, he pasado por seminarios...

En mi vida he estado en tres seminarios: el primero en Polonia, el segundo en Suiza y, por último, el tercero fue en Roma, donde ya ocupaba el cargo de superior.

Mientras estudiaba en el seminario de Polonia, estaba ansioso por ver de nuevo a mi familia, mis seres queridos y el resto del mundo. Vivía en un aislamiento insensato, como si hubiera que arrancar al seminarista de las relaciones con los demás, recluirlo en una especie de prisión o de manicomio, con la pretensión de que seis años después volviera a relacionarse de manera normal con la gente. Las fiestas de cumpleaños o de Pascua eran una pesadilla, porque estaba obligado a pasarlas en aquel ambiente miserable, con una cocina digna de los animales. Sin embargo, lo peor del seminario, la verdadera basura, era otra: las relaciones humanas entre los superiores y nosotros, los seminaristas.

El objetivo del seminario era uniformar en la mediocridad, haciendo taxativas y automáticas algunas costumbres y disciplinas que, carentes de cualquier fundamento formativo, eran simplemente inhumanas: la obediencia ciega, la ejecución mecánica de las órdenes, la sumisión para servir, la hipocresía... Si las relaciones en el seminario eran inmaduras y desequilibradas, no era desde luego por culpa de los gais, a los que Benedicto XVI se permitió juzgar como incapaces de estrechar relaciones serenas, «normales», de paternidad y fraternidad, en un documento feroz, gratuitamente insensato y sin fundamento científico.[19] Inmaduros y desequilibrados en las relaciones con los demás eran y son, más bien, los «productos» de los seminarios, arrancados durante años de la realidad, de una sana red de

---

19. Instrucción de la Congregación para la educación católica sobre los criterios de discernimiento vocacional respecto de las personas con tendencias homosexuales con vistas a su admisión en el Seminario y en las Órdenes sagradas (4 de noviembre de 2005). Se trata de un texto infamante y sencillamente ofensivo: al leerlo, todos los sacerdotes homosexuales que tengan honor y dignidad deberían dirigirse contra la Iglesia abandonando el ministerio, como presagiaba en su tiempo el cura y teólogo gay inglés James Alison.
En realidad, también la frase más famosa del papa Francisco sobre el tema: «Si una persona es gay, y busca al Señor, y tiene buena voluntad, ¿quién soy yo para juzgarla?», solo tendría sentido si, después de haberla pronunciado, hubiera también tenido el valor de eliminar esa indigna «instrucción». Sin este acto concreto, continúa siendo solamente una frase carente de significado, una inteligente manipulación de la imagen, una lograda estrategia para confundir a la opinión pública sobre cómo la Iglesia es, en realidad, abierta y comprensiva.

relaciones personales, de crecimiento y de análisis de la propia vocación. Los seminarios católicos en general, y los polacos en particular, eran ambientes idóneos para forjar personas pegadas exclusivamente a la forma pero incapaces de enfrentarse a la propia sexualidad.

Nunca he podido amar los seminarios polacos, grandes cuarteles de reclutamiento de un ejército al servicio de la ideología, ambientes cerrados donde se creaba una corporación igualmente cerrada en sí misma. Cuando pienso en el absurdo de esta forma de vida en común, agradezco a Dios haber pasado allí solo dos años, dos larguísimos años. A las diez de la noche era obligatorio apagar la luz, como en un internado para menores de edad, y además imbéciles: todos nosotros teníamos, por tanto, unas pequeñas linternas para poder estudiar los textos sagrados de la teología debajo de las sábanas o escondidos detrás de un armario.

Visto con ojos libres, todo esto no puede parecer más que perverso e innatural.

El seminario era, además, el lugar para adular a los superiores, para atraerse su benevolencia, para poner de manifiesto la propia atención, obediencia y total devoción, para ganar méritos a sus ojos, porque de ellos y de sus caprichosos análisis dependía lo que sería de ti, como de los juicios de los dioses del Olimpo. Estabas expuesto a la gracia de sus mentes arbitrarias, nerviosas y vengativas, pero omnipotentes por el bien de la Iglesia. Debías pasar años en el seminario para hacerte finalmente libre, para ser como ellos: un buen sacerdote.

Mi siguiente experiencia de seminario, en Suiza, fue por suerte mucho más positiva. Allí estaba bien; más que un seminario era una facultad de estudiantes de teología, abierto también físicamente: tenía la llave de la puerta, cosa que en Polonia habría sido impensable. Se me trataba como a un adulto, como a un estudiante, no como a un niño relegado en una guardería vestido con ropas de mujer. Y era yo quien decidía cuándo apagar la luz de mi habitación. Allí era feliz, a pesar de tener que aprender una nueva lengua y haber de superar no pocas dificultades. Al final del primer año, durante una excursión en barco por el lago, sin preaviso, el rector me propuso iniciar un recorrido de vida parroquial y de enseñanza de la religión en una escuela primaria. No daba crédito a mis oídos, y no solo porque mi italiano era aún incierto.

Esa experiencia en el seno de una comunidad de creyentes en Lugano fue una de las más bellas de mi vida. El barrio se llamaba Besso y conservaba aún el edificio del viejo taller tipográfico frente a la iglesia, donde Antonio Rosmini, en 1848, había publicado de forma anónima *De las cinco llagas de la Santa Iglesia*, para ser luego condenado por el santo oficio a causa de los cuarenta errores que se le atribuían.[20] Después de los años del seminario permanecí en la misma parroquia de Besso como cura, donde acompañaba a un excelente párroco: si bien era poco accesible a la gente, para mí, en aquel tiempo, representó un faro de racionalidad y de libertad de pensamiento, de fe y de ple-

---

20. ¡De cinco llagas a cuarenta errores! Al final, décadas después de la muerte de Rosmini, el Vaticano se ha corregido: hemos bajado a cero errores de Rosmini. ¡Pero, mientras tanto, las llagas eclesiales se han multiplicado!

garia. Pese a mi juventud, en mi interior sentía una extraordinaria madurez y me parecía que estaba listo para ejercitar mi paternidad espiritual para con los fieles. Por aquel entonces estaba rodeado por varios homosexuales: eran profesionales, buenos profesores o curas, modelos extraordinarios a los que nunca se me pasaría por la mente considerar pervertidos. Hoy me pregunto qué estereotipo de gay debía de tener en mente el papa que prohibió que los gais fueran sacerdotes.

Mi verdadera pesadilla fue el seminario romano donde fui prefecto de los estudios durante tres largos años. Pensaba que ya había visto lo peor en la primera experiencia en Polonia, pero no era así: allí conocí absurdos inimaginables, sobre todo vistos desde la perspectiva del superior, porque me había convertido en responsable de la formación o, por decirlo mejor, de la de-formación. Gracias a Dios, posteriormente este seminario se clausuró y no dejé de formular a quien correspondía una opinión detallada sobre las insensateces que había visto y sobre lo que me habían obligado a firmar.

Nunca olvidaré las interminables reuniones con el rector: recordaba los discursos de los dictadores sudamericanos, sin pies ni cabeza, pero, por suerte, eran pronunciados a solo treinta personas. Escuchábamos monólogos delirantes a los cuales no se nos permitía contraponer siquiera unas tímidas preguntas, puesto que estas se consideraban dudas impertinentes sobre los análisis que desarrollaba nuestro iluminado maestro de salvación.

He estado, pues, en los seminarios de los dos países más católicos de Europa, Polonia e Italia, y en ambos nos formaban en la falsedad y en la hipocresía. En Polonia, por ejemplo, a los seminaristas no se les permitía probar ni una sola gota de vino, aunque ya un minuto después de la ordenación sacerdotal todo era lícito. Pero si el día anterior uno era encontrado con una cerveza en la mano, lo pagaba con la expulsión o con la humillación pública: el resultado es que los hombres salidos de los seminarios de mi país se convierten muy a menudo en alcohólicos. Y no curas anónimos, sino... ¡párrocos!

Los seminarios católicos se parecen con frecuencia a clínicas para niños que precisan cuidados especiales, a los que hay que tratar como seres inmaduros e irresponsables, incapaces de pensar y necesitados de control, como se vigila a un pequeño de dos años para que no se queme con la plancha caliente y se lo castiga si plantea preguntas sobre las órdenes que recibe. El único valor que se debe inculcar es la obediencia ciega y acrítica, que impide poner nada en discusión. Lo que más odiaba del seminario era este espíritu de academia militar, unido a una orientación digna de una institución para retrasados mentales.

Solo fui feliz en el seminario de Suiza: era otro mundo, aunque fuéramos todos católicos. En Polonia se piensa que los únicos verdaderos católicos son los polacos, porque observan las reglas: no comen carne los viernes y corren a cantar letanías cada día del mes de mayo. Todos los demás serían como máximo dignos de compasión o de... condenación.

Lo que sí que me gustaba del seminario eran los estudios. Me fascinaban, me implicaba en ellos y me ocupaban totalmente, eran mi forma de realizarme y me permitían olvidar que estaba lejos del mundo real. Siempre me parecía que no me alcanzaba el tiempo. Solía repetir a los amigos que iba retrasado con los estudios, que aún no había aprendido nada, que debía estudiar, estudiar, estudiar... En realidad, como seminarista, hice también mis primeras amistades con varones. Elegía siempre a las personas con un cierto toque de exclusividad, las «ponía a prueba» durante mucho tiempo antes de admitir, incluso solo ante mí mismo, que eran amigos.

O mejor dicho: siempre había un amigo. ¡Un amigo especial!

Celibato

Personalmente nunca he faltado a la promesa del celibato hecha cuando tomé los hábitos.

Ya oigo a mis espaldas la voz de quienes creen estar en posesión de la verdad y tener derecho a juzgar por toda la humanidad y gritan: «¿Qué dice este enfermo, pervertido marica, homosexual, hijo del diablo, que se ha comportado como los perros?» Oigo esta voz, tácitamente aceptada por la Iglesia. Quizás esta rabia esconda una duda: ¿por qué el celibato? ¿Por qué imponer este enorme sacrificio? De todos modos, en cuanto a mí, lo repito serenamente: yo hasta ahora nunca he transgredido la inhumana ley del celibato ni tengo la intención de hacerlo.

Nunca he traicionado esa promesa porque el celibato es una feroz imposición hecha a los sacerdotes solo en referencia a su presunta heterosexualidad: en efecto, para la Iglesia es impensable que un cura pueda ser gay, por lo que el celibato solo impone a los sacerdotes no tocar a una mujer. El celibato nace de una mentalidad de heterosexualidad obligatoria.[21] Pero no contempla en trescientos sesenta grados la naturaleza del hombre, que puede ser hetero, pero también gay.

La del celibato ha sido para mí la imposición más fácil de respetar. Una mera formalidad. No era una renuncia como sí que lo sería para un heterosexual: con o sin ese compromiso, no tenía intención de mantener relaciones sexuales, contraer matrimonio ni formar una familia con una mujer. Nunca he albergado dudas sobre a quién deseaba amar. «Nada de chicas, nada de esposas para toda la vida, nada de madre de tus hijos», nos repetían hasta la náusea en el seminario. Pero sobre este punto, cuando decidí ser sacerdote, mi proyecto de vida no encontraba obstáculos.

Alfred Kinsey, sexólogo estadounidense, autor del famoso «Informe Kinsey» (1948-1953), primera gran encuesta sobre el comportamiento sexual humano, decía que existen solo tres perversiones: la abstinencia, el celibato y el matrimonio tardío. Todo lo demás es natural. Quizá pudiera objetar algo sobre una clasificación tan radical, pero pienso que convendría reflexionar bien sobre la naturalidad de la imposición del celibato obligatorio.

Teóricamente, un cura primero debería conocer y amar la propia sexualidad, para luego renunciar sobre esta base a la belleza del amor matrimonial. Por tanto, un homo-

---

21. Este perspicaz término lo debemos a Adrienne Rich, «Compulsory Heterosexuality and Lesbian Existence», en *Signs: Journal of Women in Culture and Society*, 1980, 5[4]: pp. 631-660.

sexual no tendría derecho a conocer serenamente la propia sexualidad y a amarla, por ser errónea, mientras que un hetero debería sacrificarla por la Iglesia.

Solo recientemente la Iglesia, bajo el pontificado de Benedicto XVI, espantada de sí misma y de los sacerdotes gais que se volvían cada vez más osados, ha establecido arbitrariamente la prohibición de admitir para el sacerdocio a los homosexuales, tachándolos de personas irresponsables e inmaduras. Pero, para tener garantía de ello, debería verificar quién es gay y quién no, quizás inspirándose en los métodos de ciertas monjas que controlaban la virginidad de las chicas antes de que entraran en el convento (o utilizando los humillantes y acientíficos exámenes practicados en ciertos países para identificar a los gais, finalmente desterrados por el comité contra la tortura de la ONU). No me atrevo a pensar, en el caso de que el candidato no tenga la intención de admitirlo espontáneamente, a qué métodos se podría recurrir: quizás al examen de la próstata efectuado en presencia de tres superiores o quizás a alguna técnica de «discernimiento del demonio» firmada por un iluminado psicólogo católico. Por una cuestión de coherencia sería oportuno promulgar un nuevo decreto para someter también a todos los papas, cardenales, obispos, curas y hasta diáconos al test de homosexualidad. ¿Cómo? Acaso mostrando algunas imágenes explícitas y registrando su estado de excitación natural...

Al esconderme a mí mismo mi homosexualidad, me convertí en un campeón católico: era uno de los discípulos más comprometidos y diligentes, incluso más allá de los límites del talento y del sentido común, en la capacidad que había desarrollado de no admitir esa evidencia dentro de mí. Como alumno siempre trataba de convencerme de que lo que sentía en realidad no existía, una aplicación de la metafísica hegeliana de la nada, del no-ser en el ser de las cosas. Solo mucho más tarde vi la película *Latter Days* (*Últimos días*, 2003) y las menos conocidas *The Falls* (2012) y *The Falls: Testament of Love* (2013) sobre el drama gay entre los misioneros mormones. En el ambiente fundamentalista homófobo que allí se describe, veía reflejada mi historia de misionero católico: me parecía vivir el mismo drama en una versión adaptada según los dictámenes de mi religión.

Paradójicamente, en mi trabajo en el Vaticano, había de ser precisamente yo el responsable de una «iluminada» investigación por parte del santo oficio sobre el significado teológico del celibato. El tema y el objetivo de la investigación podían parecer misteriosos, pero se trataba simplemente de redactar un documento que tendría que firmar el papa, donde se habría proclamado solemnemente que el celibato, aun siendo una imposición disciplinaria inventada solo muchos siglos después de la Iglesia primitiva, era algo indispensable para poder ser sacerdote. En síntesis, había que reforzar la convicción de que el celibato era intocable e indiscutible, que todo debía permanecer tal como estaba desde hacía siglos. Pero, al final, los teólogos vaticanos, los «científicos del régimen» no produjeron más que algunos irrelevantes simposios. Se volvía, pues, a la estrategia de siempre: doblegar la mentalidad católica con mensajes discretos pero decididos hacia la dirección querida, como solo la Iglesia y los regímenes comunistas saben hacer; era necesario prohibir cualquier expresión contraria y cerrar la boca de cualquier voz fuera del coro, vetar cualquier reflexión sobre la pertinencia del celibato. Era preciso hacer lo que fuera para que la gente ya no distinguiera entre los principios inmutables, como «Dios es Dios», y las normas accesorias que, por el contrario, deben cambiar y evolucionar con el tiempo, como el celibato.

¡Nos encontrábamos defendiendo más al celibato que a Dios! No podíamos prever que el papa Francisco diría que el celibato es solo una disciplina, aparecida probablemente en torno al siglo X; no habíamos previsto que quisieran silenciarlo también a él, y solo nos preguntábamos qué habrían hecho esas bestias de curas cristianos hasta un siglo antes del año mil.

Yo, gay, he sido fiel a la promesa del celibato porque nunca he practicado, en mi vida, la única sexualidad existente para la Iglesia: en efecto, nunca me he acostado con una mujer, a diferencia de algún cardenal, del que se dice que es «un padre feliz». Como gay, habrían podido acusarme de haber cometido un acto, para ellos, irreal e inexistente: pero algo inexistente no se puede condenar, por lo cual mi delito no existe.

En el clero, pues, no existían los gais: si acaso existía, y aún existe, la negación de los gais por parte de la Iglesia. Este era y es un verdadero crimen espiritual, un crimen que avanza discreto e invisible, distribuido en todos los ámbitos de esta comunidad perdida en la homofobia y en la obscenidad de la dictadura de la heteronormatividad, sin preocuparse de los traumas que comporta para las personas que no tienen la culpa de ser gais y que deberían ser felices de serlo.

Volvamos a mi caso. En el seminario era un candidato modelo, entre los más diligentes, precisos y estudiosos. Quería comprender, aunque nunca he entendido hasta el fondo la razón misma del celibato. Cuanto más estudiaba su historia, más confundido y preocupado me sentía: habíamos hecho obligatorio e indiscutible algo que al principio era facultativo y del todo libre, cerrando cualquier discusión al respecto. Para mí, mucho más incomprensible era el hecho de que buena parte de la Iglesia oriental excluyera de hecho la obligación del celibato.[22] Para que los católicos occidentales no tuvieran cerca a los curas católicos orientales casados, el Vaticano prohibía a estos últimos que se trasladaran, cosa que en la era de las migraciones se ha hecho cada vez más difícil de controlar. Como si esto no bastara, desde hace décadas la Iglesia ha empezado a dispensar del celibato a los curas de otras confesiones, los protestantes primero y los anglicanos después, que quieren convertirse en curas católicos. Observando a los anglicanos tradicionalistas convertidos en católicos, a menudo he notado que muchos de ellos parecen gais reprimidos, pero

---

22. La disciplina de las iglesias orientales prevé que el candidato al sacerdocio pueda casarse antes de la ordenación. También puede escoger la vida de célibe, cosa que coincide generalmente con la elección monástica. Posteriormente, los obispos que gobernarán las distintas diócesis son nombrados solo entre los monjes. Por tanto, en Oriente, los curas heterosexuales tienen la posibilidad de elegir la vida según su naturaleza, según la propia orientación sexual, pero no tienen perspectivas de «carrera». Los gais, en cambio, suelen refugiarse en la vida monástica, escondiéndose, excluyéndose del mundo, pero reciben el «resarcimiento» de pertenecer a ese restringido círculo de candidatos entre los cuales serán nombrados los futuros obispos. Ellos no son simples curas «de campo», dedicados a sus respectivas esposas; están hechos para la carrera: ¡así quiere la Iglesia! A cada uno lo suyo...

tienen esposa, por tanto, ¡no son célibes y ahora son también curas católicos! Qué confusión.

A pesar de todo, yo he permanecido fiel a esta necia promesa impuesta a mayor gloria del reino de los cielos. ¿Querrías cambiar algo a lo que estamos acostumbrados desde hace siglos? ¿Querrías cambiar una de las mejores protecciones de una de las corporaciones más poderosas del mundo? ¿Querrías privar al clero de su arma más poderosa, que es su exclusión del mundo y de la vida? ¿Querrías cambiar el celibato que ha sido instituido para tener las manos libres de intereses conyugales y familiares al manejar dinero, poder, gobierno y carrera?

Yo mantengo ese celibato de la heteronormatividad, impuesto por la Iglesia latina, aunque a mí no me ha sido impuesto, porque no tiene nada que ver con mi sana naturaleza. Pero ¿hasta qué punto es posible engañarse con las seculares y monstruosas leyes inhumanas presentadas como dogmas del cielo?

Iglesia

En el pasado pensaba que podía esperar pacientemente a que mi Iglesia, con sus concilios y con la sucesión de los papas, abriera los ojos y cambiara su odiosa actitud hacia la sexualidad de cualquier persona, sin importar que fuera hetero, homo, bi, trans o inter.

Entonces soñaba, como devoto hijo de la Iglesia, que el día que se revisaran las doctrinas yo sería el primero que lo explicaría como un desarrollo coherente, como un progreso armonioso que no niega ni borra un tiempo en que se sostenía exactamente lo contrario. Imaginaba que la Iglesia, finalmente, se tomaría en serio los avances de las ciencias, y yo lo defendería al ser capaz de establecer un iluminado diálogo con las conquistas de la investigación y de la razón. Soñaba con que ese día solo los «malos» dirían que la apertura de la Iglesia llegaba con un retraso de doscientos o trescientos años, considerando los enormes adelantos de las ciencias y de la humanidad entera.[23] Yo, en cam-

---

23. Esta era la tesis del cardenal Carlo Maria Martini (odiado en el Vaticano: si hubieran podido, lo habrían declarado hereje) en el li-

bio, lo rebatiría diciendo que aquel día la Iglesia, la única verdadera maestra de la humanidad, una vez más había «acertado» el momento justo para actualizar sus propias doctrinas. Y aunque esta necesaria revisión no se llevara a cabo antes de cien años, por tanto, no se hiciera durante mi vida en esta tierra, admitía dentro de mí que habría sido igualmente feliz, convencido de mantenerme fiel hasta el final.

Luego llegó un momento en que entendí que ya no podía esperar el cambio de la Iglesia. No puedo permanecer esclavo de esta extenuante espera, no puedo dilapidar la vida que Dios me ha concedido por un engaño y un retraso impuestos en Su nombre. No puedo desperdiciar mi existencia esperando que cambien las constelaciones políticas en la cúpula de la Iglesia para reflexionar seriamente y sin complejos sobre la sexualidad humana en todas sus formas. No, sería mejor morir.

Al final, la actitud de la Iglesia me ha enseñado la lección de la muerte, como habría podido hacer el mejor discípulo de Martin Heidegger, un pensador odiado por el clero. Heidegger solo pretendía describir la realidad, no explicar

---

bro-diálogo escrito con el cirujano Ignazio Marino (*Credere e conoscere*, Einaudi, Turín, 2012). El mismo Marino, que luego fue alcalde de Roma, tuvo el valor (teniendo al Vaticano como vecino de casa) de registrar a las familias homosexuales y lesbianas romanas que habían contraído matrimonio en el exterior, mientras que fuera del Capitolio los devotos católicos gritaban que las únicas familias verdaderas, las heterosexuales, se morían de hambre. Pero ¿acaso las familias compuestas por padres homosexuales, ya penalizadas por la falta de una ley que garantizara sus derechos, no estaban formadas por ciudadanos de igual dignidad?

su sentido, cuando decía que nuestro ser es *Sein zum Tode*, un ser hacia la muerte, un «ser para la muerte». Pues bien: la Iglesia ponía en práctica la intuición abstracta de Heidegger. Yo empecé a comprender que habría sido mejor morir que vivir a la espera de una futura e inconcreta sensatez. Y estaba triste: había elegido la Iglesia como mi espacio vital, como único ámbito de mi «biografía», y ella cortaba las alas a mi vida. Me preguntaba de qué servían todas las cosas buenas y justas que lleva a cabo la Iglesia, si luego hace insoportable a sus seguidores la existencia de su propia sexualidad, si aniquila la parte homosexual de la humanidad solo por no haber querido enfrentarse a las conquistas filosóficas, a los desarrollos de la antropología y de las ciencias.

Mi Iglesia aún hoy no se da cuenta de que su retraso y su cerrazón mental destruyen a muchas personas sin culpa y las «aterrorizan» en su fe sincera. Es la misma violencia, la misma forma de discriminación que se aplicó contra los judíos acusados de la muerte de Jesús, contra las mujeres mientras se les ha negado su derecho al voto, contra los esclavos, contra los cristianos de diversas confesiones y las personas de razas diferentes a las que les estaba vetado el matrimonio por ser contrario a la voluntad de Dios.

Todos estos actos odiosos se justifican con la excusa del diferente contexto histórico. Dicen tranquilamente: «Los tiempos eran distintos..., no es culpa nuestra..., ahora lo hemos revisado todo.» Pero, desde luego, no pueden restituir la paz a quien —en nombre del contexto histórico— ha visto pisoteados sus derechos.

Mientras no se despierte de sus múltiples retrasos, la Iglesia aniquila espiritual, psicológica y socialmente a los gais, no pocas veces llevándolos a la muerte física: crea ese clima en que se hace fácil odiar a una persona gay, lesbiana, bisexual, transexual o intersexual, una persona frágil cuya única culpa es pertenecer a una minoría y tratar de ser feliz tal como es. Todo esto siembra muerte, aunque nadie está en condiciones de probar cuántas son las víctimas ni de demostrar las consecuencias de un discurso hecho con los labios sucios de amor, que en realidad condenan a las personas.

Aun habiendo perdido fuerza las tesis según las cuales la homosexualidad sería una patología, un crimen y algo contra natura, en la Iglesia muchos siguen creyendo que es una enfermedad mental que debería ser tratada con inmersiones en el hielo, electrochoques y mucho fútbol, alternado con la lectura del catecismo y de la Biblia (pero omitiendo los pasajes relativos a la relación afectiva de David y Jonatán en el Primer y Segundo Libro de Samuel), y añadiendo una estrecha amistad con el cura terapeuta de cabecera. Otros, entre ellos los católicos africanos, sostienen que la homosexualidad es un delito que debería ser perseguido por ley; otros más consideran que es un desagradable y perverso desorden en sí. Todas ellas son posturas eficazmente revisadas e invalidadas por la ciencia y por la sociedad civil. Pero la Iglesia agita una sola respuesta al respecto: los desarrollos modernos solo son fruto de una ideología hostil a la única verdadera ciencia, la de la tradición, la católica. A la Iglesia le ha quedado un único argumento: el pecado estigmatizado en la Sodoma bíblica.

Si la Iglesia decide no actualizar la propia interpretación sobre la orientación homosexual, solo debería imponer sus irracionales vetos a sus feligreses, a quienes decidan serle fiel, a nadie más. No tiene derecho a interferir en otra parte, y en consecuencia influir tan gravemente en la sociedad, las naciones y los estados libres. En cambio, su odio ilimitado ha superado los límites, ha invadido capilarmente la sociedad con una fuerza bestial, quizá nunca conocida antes en la historia. La Iglesia ejercita una presión injustificada, a la que los estados y las comunidades internacionales tienen la obligación de oponerse, porque no deben someterse al oscurantismo de la actual interpretación católica de una ambigua página bíblica.

Renuncia

Dedicarme al sacerdocio no fue para mí una decisión calculada.

Si bien el celibato, en cuanto heteronormativo, no representó una gran privación, debo admitir haber tenido que hacer muchas otras renuncias, comenzando por la libertad: las hice porque quería dedicarme a Dios y a los hombres, consagrando mi vida a este ideal en una suerte de empatía, solidaridad y espíritu de servicio, por una dedicación que sentía hacia los otros. Todo por un sentir religioso, un profundo sentimiento espiritual, una auténtica percepción de la trascendencia.

Pero ahora, visto en retrospectiva, comprendo también que hice sacrificios inútiles, es más, equivocados. En efecto, me parece que aquello que a menudo advertía como malestar era en realidad fruto de las mentiras interiores impuestas por el exterior, de las malsanas relaciones conmigo mismo, y que ha sido absurdo reprimir mi sexualidad, sublimándola y poniéndola al servicio de teorías tan inaplicables como no discutibles.

He dedicado mi vida a la Iglesia por un notable sentido de espiritualidad, común entre muchas personas gais. Encuentro desatinada la tesis de quien reputa superiores o, en cualquier caso, especiales a los homosexuales, pero no puedo dejar de notar cuántos de ellos comparten el mismo sentimiento religioso que me era propio. Ante una observación como esta los homófobos se apresurarán a decir que los gais son unas nenazas: pues bien, yo les respondo que quiero ir más allá del nivel de las groseras ocurrencias de bar y que acaso nenazas son esos «machos» detrás de cuya violencia solo se esconden debilidad y miedo. Quizás alguien aún tenga en la cabeza un cliché difundido en los años sesenta, pero los gais de hoy son más masculinos que no pocos heterosexuales. Y yo quiero disfrutar de toda mi masculinidad, siguiendo mi naturaleza; esto no quita que sea un hombre profundamente espiritual.

Varios estudios científicos, no solo *gender studies* (estudios de género),[24] demuestran que ciertas características consideradas «femeninas» o «masculinas» no son exclusivo atributo de las mujeres o de los hombres, como nos han habituado a creer en nuestras iglesias. Existe una notable sensibilidad espiritual de los hombres homosexuales, que se dedican a los demás con una actitud basada en la renuncia personal y en la abnegación de sí. Sin embargo, en mi Iglesia los gais son vistos solo como muchachos que viven en una egoísta búsqueda de nuevos estímulos sexuales y de placer en saunas, cuartos oscuros y locales de reunión o clubes. ¡Nada más falso!

24. Así se llaman en el mundo anglosajón los estudios interdisciplinarios sobre el significado sociocultural de la sexualidad y de la identidad de género.

Cuando un cura abandona la Iglesia, esta suele denigrarlo. A menudo he observado esta estigmatización llevada a cabo contra sacerdotes que habían tenido el valor de oponerse a sus irracionales imposiciones. La última vez fue en la universidad donde enseñaba. Un estadounidense, buen cura y estimado profesor, que durante años había sido decano de la facultad, dejó el sacerdocio para casarse con una mujer. Fue una verdadera pérdida: era inteligente, emprendedor y tenía en su activo un gran número de publicaciones, superior al de todos los demás docentes. Sin embargo, de inmediato comenzó la letanía: era un incapaz, un haragán, ni siquiera era un buen docente... Colegas que no habían publicado casi nada en el curso de su vida académica exponían toda una serie de debilidades y carencias: no propias, sino del ausente. Nunca ha llegado a mis oídos una voz que dijera: «Qué lástima que nos haya dejado, era un buen profesor y un buen autor...» En aquella época, también yo estaba preparado para el fango que la Iglesia me echaría encima después de mi salida del armario, en vez de pensar: «Lo hemos perdido, pero quizá tenía alguna razón, tal vez deberíamos meditar también nosotros, que nos hemos quedado.»

Estoy satisfecho de ser un buen cura gay. Si la Iglesia enceguecida no es capaz de plantearse siquiera una pregunta respecto de los miles de homosexuales que son, al mismo tiempo, excelentes sacerdotes, aun viviendo la pesadilla de la condena de la propia naturaleza, es solo su gran problema. Desde luego, es un problema vital también para todos los curas gais, tanto para los que se defienden escondiéndose como para los que deciden decir la verdad obligándose a abandonar la Iglesia. En este caso también se ven obligados a buscarse un nuevo trabajo, con todas las dificultades que esto comporta para un cura. Pero nada es tan grave como verse obligado a sufrir toda la vida el embuste de la Iglesia que pretende ser enteramente heterosexual.

Confesión de sexo

La confesión fue el primer sacramento que la Iglesia me ha enseñado y el primero que me vi obligado a rechazar para no perder la serenidad, la dignidad y no acabar en las manos de un psiquiatra.

La confesión católica es un sacramento «enfermo» de sexo. Una vez Ratzinger, como profesor, ilustró el debate actual en torno a la confesión: puesto que Dios ama a todos, quiere liberar todas las culpas, por eso existe el instrumento de la confesión. Sin embargo, uno se pregunta por qué Dios no nos libera también de la confesión misma, cosa que nos haría sin duda mucho más felices. Ratzinger refería las objeciones modernas a la confesión, pero al mismo tiempo avalaba el valor de este sacramento. Tampoco yo lo dudaba, solo que en mis sinceras confesiones experimentaba exclusivamente la homofobia de los custodios de las conciencias, de los presuntos «expertos» de mi humanidad, de los invasores de mi intimidad.

Sin embargo, dentro de mí, desde joven encontré un modo de consolarme de este trauma: como cura, sería distinto al confesar a los otros. Debía confesar bien, lo bastante como para hacer sentir verdaderamente liberado al fiel que dialogara conmigo. No sé si siempre lo he conseguido; probablemente, no, pero sé que he intentado ser un mediador discreto y respetuoso, el intermediario del misterioso diálogo entre la conciencia del hombre y su Dios.

En realidad, ni la espléndida teoría, ni mi voluntad personal y la de muchos otros sacerdotes de confesar respetando la dignidad humana podían esconder el hecho de que este sacramento está centrado en el sexo. En el secreto de la confesión se ocultan la clave y el código de esta obsesión católica. El sexo ha sido relegado al perfecto escondite de la confesión, el único lugar donde se puede hablar de ello. Por desgracia, este sacramento ha contribuido a menudo a desarrollar en las personas una sexualidad acomplejada, reprimida y atormentada, no pocas veces puritana e hipócrita. Pero siempre perfectamente escondida.

De adolescente comencé a encontrar placer en la masturbación. ¡Desde luego, no habré sido el único! Era un natural momento de consuelo y de conocimiento de mi cuerpo y mi sexualidad. Pronto se convirtió también en uno de los temas (¡y fuente de terror!) de la confesión: es más, se convirtió en el único tema interesante. A ningún confesor le importaba que yo fuera el monaguillo más escrupuloso, uno que rezaba intensamente, que leía la Biblia, que era sensible a los sufrimientos y a las injusticias, que rechazaba el mal, que tenía una vida espiritual rica y un verdadero diálogo con Dios... En efecto, yo era todo esto, pero lo único que contaba era si me masturbaba, cuándo lo hacía y cómo. Probablemente, si hubiera dicho que me sentía gay, habría ofrecido un segundo argumento digno de nota.

Nunca podré olvidar una confesión que hice en una iglesia del centro en mi ciudad, Gdynia, donde fui en busca de anonimato acarreando mi indecible pecado, aterrorizado ante la idea de que alguno de los curas que conocían a mi familia pudiera descubrirlo. Durante aquella confesión el sacerdote empezó a gritar que si seguía masturbándome enfermaría, me encerrarían en un manicomio, quedaría obsesionado por el sexo y nunca me liberaría de esta esclavitud, me volvería impotente, perdería mi esperma, no podría tener hijos y nunca podría casarme. Terminé aquella confesión entre lágrimas y sumido en la angustia más profunda: fue mi personal electrochoque, semejante al que algunos católicos quisieran practicar a los gais, pero que consiguen aplicar solo psicológicamente.

Y que la sabia madre Iglesia no me responda que quizá solo tuve la desgracia de caer en las manos de un imbécil: ¡no, estaba simplemente en las manos de mi Iglesia! A menudo pienso en la multitud de sacerdotes católicos que se meten entre las sábanas de la gente, siempre en busca de lo morboso; confesores acomplejados que no saben absolutamente nada de psicología, ni de pedagogía, y aún menos de sexología; curas que se masturban durante toda la vida, porque en esta forma adolescente de placer encuentran la única vía de escape para su sexualidad reprimida. He confesado a bastantes de estos pobres seres atormentados como para conocer sus interminables traumas masturbadores.

Estoy convencido de que hoy la sociedad, para ayudar a la Iglesia, debería invitar al clero y a los distintos curas a revelar públicamente la propia sexualidad. Habría que preguntar a los obispos, sacerdotes, diáconos y catequistas cuántas veces se masturban, cuántas veces sienten la tentación, en quién piensan en sus fantasías —¿en una mujer o en un hombre? ¿o quizás en una orgía?—, hasta qué punto son o se han vuelto asexuados...

Se debería invadir la intimidad de los curas, como hacen ellos con los creyentes en nombre de la Iglesia, porque esta podría ser la única vía para hacer presión sobre la hipocresía de una comunidad inhumana.

Hoy la Iglesia necesitaría su propio Alfred Kinsey para que indagara sin miedo y presentara la verdad sobre cómo están las cosas en el clero, en la Iglesia «abstinente» del sexo.[26] Una Iglesia que me ha herido durante toda la vida en uno de los aspectos más delicados de mi personalidad, mi sexualidad sana y natural, alimentando en mí un patológico sentimiento de culpa, un verdadero terror. Creía verdaderamente que, al experimentar un deseo por otro hombre, me estaba convirtiendo en un ser pervertido y desviado. Pero el peor sufrimiento era no poder encontrar un cura con quien confesarme de una manera serena. En Polonia esto era casi imposible, en Suiza fue un poco más fá-

---

26. Albergo un profundo respeto por el trabajo de Kinsey, al margen de si todos los resultados, todos los datos, todos los números descubiertos por él son o no discutibles, porque constituyen la materia de una ciencia que aún debe desarrollarse. El gran mérito de Kinsey fue haber tenido el valor de abordar lo indecible, lo desconocido, lo que estaba vedado porque se hallaba bajo el control de la religión puritana.

cil. Esperaba, además, poder disfrutar del anonimato en la confesión, pero en Roma entendían de inmediato que era un sacerdote y me acusaban de haberlo mantenido oculto. No entiendo por qué, según ellos, habría debido revelarlo de inmediato.

Empezaron así las encuestas pornográficas sobre mi vida por parte de los diversos confesores, tiranos aficionados que se las daban de consejeros espirituales. Más tarde comprendí que el día en que me desvinculé definitivamente de la confesión di también el primer paso hacia mi liberación interior. Fue el paso de un creyente que sentía necesidad de perdón, pero que ya no podía someterse a las imposiciones religiosas. Comprendí que, para mantenerme fiel a mí mismo, ya no podía permitir que mediante la práctica de la confesión la Iglesia me obligara a obedecer doctrinas que me humillaban al considerarme enfermo, un ser antinatural. En vez de permitir a la persona homosexual vivir serenamente la fe, realizarse en el amor hacia otra persona, ser feliz en la propia sexualidad, la confesión infundía terror y estigma, imponía un insoportable conflicto interior con la propia sexualidad. En el tema de la sexualidad, la confesión representa una pesadilla no solo para los gais, sino también para las personas heterosexuales: a todos impone el ciego rigor de la doctrina católica que ya no tiene mucho que ver con el saber científico y la experiencia de la humanidad. En el secreto de las confesiones se alimentan el sentimiento de sumisión de las mujeres a los maridos, la estigmatización de los homosexuales y de los transexuales, la culpabilización del amor, mientras que paradójicamente se consiguen esconder muy bien los crímenes de pedofilia. Cuando di el paso de liberarme de la confesión católica, finalmente entendí que esta no ha hecho más que inducir a las personas a sentir vergüenza por la propia sexualidad, impidiendo así aprender a vivirla serena y felizmente. Los confesores, aun sin tener casi nunca una preparación en la materia, se atribuyen el derecho de culpar, de emitir sentencias punitivas carentes de ningún fundamento humano. Con ello se transforman en jueces abusivos, ejercen un verdadero terrorismo psicológico, mientras que solo y simplemente deberían escuchar en silencio las palabras del fiel que acude a abrir su conciencia y reflexionar sobre la imperdonable desconexión entre las posturas de la Iglesia y la realidad humana. ¡Cuánto daño hacen miles de confesores obtusos esparcidos por el mundo!

En mi intento de ser un buen confesor, siempre he intentado ayudar al diálogo del fiel con Dios, no conmigo, tratando de no culpar nunca la intimidad de las personas, sobrevolando por encima de eventuales pecados de sexo y concentrándome en la participación en la liturgia, en la ayuda a los necesitados, en la plegaria: es aquí donde el creyente encuentra la luz para comprenderse a sí mismo y la propia actuación.

Clero

El clero católico es esa corporación que, vestida con ropas femeninas, veta histéricamente que un chico se ponga una falda (como hacen los escoceses) e intente salir a la calle así. Travestis que persiguen a otros travestis.

Sotanas, albas, casullas... Me pregunto cuándo el mundo empezará finalmente a pedir explicaciones sobre la presunta necesidad de estos uniformes.

El clero católico está compuesto por varones que se han rodeado de afeminamiento y que, al mismo tiempo, están llenos de odio hacia los homosexuales, que ellos perciben como afeminados, y por tanto hacia sí mismos. Eugen Drewermann[27] ha intentado abrir los ojos de la Iglesia, que, en cambio, prefiere no mirar hacia la luz. Para este teólogo y psicoanalista, el clero es un interesante caso clínico: al ser en buena parte homosexual, se impone el odio a los homo-

---

27. Bastaría con leer *Kleriker. Psychogramm eines Ideals* (Olten, 1988) para perder por completo la tranquilidad.

sexuales, es decir, a sí mismo, en un desesperado acto masoquista.

Por esta hipocresía, por esta especie de juego entre autodefensa y autodestrucción, nunca he amado al clero católico en su conjunto. He amado, en cambio, a los distintos curas. No sé si antes o después, en el futuro, conseguiremos verificar cuántos gais hay efectivamente en la Iglesia: este es uno de sus secretos mejor guardados.[28] Pero se trata de una buena parte, que supera con creces los porcentajes del mundo exterior, donde se calcula que entre el cinco y el diez por ciento de la población es naturalmente homosexual, una estimación que para la Iglesia no tiene ningún valor. Pero ¿qué importa eso? Cualquiera que sea el porcentaje real de los homosexuales en la sociedad en general, en la Iglesia es claramente superior. Sobre la base de mi directa experiencia, puedo decir que los curas homosexuales son más o menos la mitad del total.

El cincuenta por ciento, sí...

En mis relaciones con el clero, nunca he formado parte de ningún *lobby* gay ni de ningún círculo «escondido»,[29] ni he entrado en contacto con grupos semejantes. Quizá sea precisamente por esta razón que he quedado aislado

---

28. Aunque alguno ha intentado indagar el campo de lo indagable: Pepe Rodríguez, *La vida sexual del clero*, Ediciones B, Barcelona, 1995.
29. Los lectores italianos encontrarán un panorama de testimonios desconcertantes sobre estos círculos restringidos que, de todos modos, no llamaría *lobbies*. Quizá muchos hayan leído, por ejemplo, la encuesta de Carmelo Abbate, *Vatican and the Sex. Viaggio segreto nel regno dei casti*, Piemme, Milán, 2012.

también en la comunidad eclesiástica. Siempre he sido un cura profundamente creyente, me atenía a una rigurosa escala de valores, en la cual no había espacio para los grupos de apoyo. Nunca he querido saber, tampoco, quiénes eran los otros gais en el hábito talar. Quería mantenerme alejado de la obsesión difusa: de cara al exterior, homófobos para destruir la vida de los homosexuales; de puertas adentro, más gais que en cualquier otro ambiente.

Prefería incluso ignorar la existencia de los curas gais. Ya existía yo...

Tenía, sí, algunas amistades exclusivas y particulares con otros sacerdotes, pero no como las que se observan a menudo en el clero, donde —si dos están juntos— evidentemente son homosexuales. Durante muchos años he tenido amigos curas, pero tampoco sabía si eran gais; hoy soy más perspicaz e identifico más fácilmente a las personas homosexuales. En la época del seminario mis amistades se distinguían por una cierta exclusividad, también por una especie de complicidad psicológica, o también por una forma de feliz conexión que es la primera señal de una fascinación o de un enamoramiento. Pero no íbamos más allá: no nos interesaba entrar en el territorio del sexo. Simplemente estábamos bien juntos como amantes espirituales. Quizás estábamos bien como los santos compañeros homosexuales Sergio y Baco (n. 303), cuya historia ha sido sacada a la luz por John Boswell, o bien como los monjes que seguían los pasos del sensible maestro espiritual anglosajón Elredo de Rievaul (1110-1167), el abad inglés que los historiadores consideran el modelo del monje homosexual, o, por último, como el cardenal John Henry Newman (1801-1890) con su íntimo amigo Ambrose St. John.

No me acosté ni tuve relaciones sexuales con ninguno de ellos, pero... nos amábamos, nos queríamos, y al mismo tiempo las nuestras no eran amistades como las que podrían darse entre dos hombres heterosexuales. Eran profundas amistades entre gais, con las dinámicas y la sensibilidad propias de los homosexuales. No había ningún pecado carnal entre nosotros: no obstante, ¿la Iglesia habría considerado lícitas nuestras relaciones sentimentales? Hoy me doy cuenta de la falsedad de esta moral. Jesús afirmaba que el pecado también puede cometerse solo con el pensamiento, por lo cual, si la homosexualidad es un pecado, como enseña la Iglesia, toda profunda relación de amistad «homosensual»[30] entre curas ya sería de por sí pecaminosa. ¿Qué importa si dos se van a la cama o no? Han pecado en la sensibilidad, en el deseo, en las tensiones interiores.

Pero, por suerte, Jesús nunca dijo ni insinuó que una determinada orientación sexual fuera pecado. Es más, incluso curó al joven sirviente del centurión que, si leemos entre líneas el texto evangélico (sobre todo, Lucas), parece ligado a su amo por una verdadera relación homosexual (Mateo 8, 5-13; Lucas 7, 1-10).

La corporación del clero impone la falsedad, porque esconde la homosexualidad entre nosotros, los curas, nuestras

---

30. Con este término nos referimos a los naturales deseos, sentimientos y vínculos afectivos que nacen entre personas del mismo sexo. A menudo hablando de homosexualidad, como de heterosexualidad, nos centramos únicamente en el sexo, cuando la orientación sexual humana, aun refiriéndose a la sexualidad, en realidad tiene que ver con todo el poderoso mundo de deseos sentimentales y de amor. Por esta razón hay quien prefiere hablar de gais en términos más inclusivos de homosensualidad u homoafectividad.

amistades, nuestros sentimientos, nuestras tensiones. Y sucede también algo peor. Según la actual doctrina de la Iglesia, si un homosexual va cada noche a las saunas, a los cuartos oscuros o se deja arrastrar a un *cruising* desenfrenado con hombres desconocidos, pero lo confiesa, puede recibir la absolución y el perdón: si promete no volver a hacerlo (aunque caiga de nuevo en la misma tentación a la noche siguiente), la Iglesia lo perdona. Pero esta misma Iglesia, esquizofrénica e insoportable, también enseña que un homosexual que es fiel durante veinte años a su compañero, lo ama, lo cuida y no lo abandona nunca, ¡no puede recibir la absolución! Para obtenerla, paradójicamente, debería abandonar a su pareja, truncar su relación monógama y volver a las relaciones ocasionales, porque estas serían perdonadas. En realidad, la misma contradicción concierne a las personas heterosexuales divorciadas, felices y fieles en las nuevas relaciones. ¡En la Iglesia no se perdonan la fidelidad y el amor!

Mis amistades con los curas, aun sin sexo, eran también fieles...

En su conjunto el clero nunca ha suscitado en mí emociones positivas: la mayoría de las veces se comporta como un rebaño de hombres acomplejados y profundamente infelices, que compensan los naturales deseos sexuales, sean homo o hetero, con la carrera, el dinero y una exasperada búsqueda del poder y del control sobre los demás. En algunos países, como Polonia, a día de hoy, el clero sigue siendo una corporación que domina y gobierna de manera solapada y del todo injustificada en un Estado laico y no teocrático. En el interior de esta corporación se odian; de cara al exterior defienden el propio poder. Me pregunto dónde está el espíritu evangélico; en compensación, es difícil no vislumbrar una buena dosis de ignorancia y estupidez en el apego defensivo a posiciones carentes de cualquier fundamento racional.

Si el clero es una institución bastante tétrica, no es menos cierto que he encontrado varios curas verdaderamente extraordinarios, entre otros, también sacerdotes gais, a los que he reconocido en las confesiones, en la cotidianidad de la amistad o mirándonos a los ojos sin hipocresía. Pues bien: el porcentaje de homosexuales en la Iglesia no es el mismo que hay en la sociedad en general. Como ya he dicho, es mucho más alto: cerca de la mitad. Esta es mi percepción, y pienso que no es equivocada: al menos el cincuenta por ciento del clero es gay, experimenta deseos homosexuales, siente tentaciones y tiene sueños románticos con personas del mismo sexo.

Esto no significa que todos ellos tengan relaciones sexuales con hombres. Como ocurre también en la vida, entre los curas homosexuales existen dos categorías: los reprimidos y acomplejados, confusos e infelices, que en consecuencia se convierten a menudo en homófobos exasperados; y los que, en cambio, admiten primero ante sí mismos y luego quizá también a unos pocos más —un círculo restringido de personas de confianza, parientes o amigos— la propia homosexualidad, sintiéndose así más libres. He conocido a los unos y a los otros.

Algunos curas gais de la segunda categoría han permitido también mi liberación. He conocido a varios, pero no puedo dar los nombres porque no todos pueden huir de la desatinada jaula eclesial. Sin embargo, debo contar al menos algo de estos encuentros.

Él era un cura italiano: se había enamorado de mí e hizo su salida del armario conmigo. Éramos amigos desde hacía mucho tiempo, yo me encontraba bien con él, y en el momento en que le oí decir que le gustaba y que me amaba, sentí vértigo. En un instante comprendí que todo cambiaría, que nuestra amistad terminaría en aquel momento y que adoptaría un nuevo aspecto: ¿quizás había llegado el momento también para mí de admitir quién era verdaderamente y explicárselo?

Mi reacción fue curiosa y, al mismo tiempo, previsible: solté una serie de palabras grandilocuentes sobre cómo cada uno de nosotros lleva dentro de sí las propias dificultades y sobre el hecho de que todo acaba plegándose a la fuerza de la razón. Y luego lo abracé. Pero ya sabía que no volveríamos a ser amigos como antes. Él, más tarde, me recordó no solo mis palabras, sino sobre todo aquel abrazo, que consideró mi salida del armario. Yo no era consciente de ello y en realidad mi verdadera salida del armario con él habría de llegar cerca de un mes después. Creo que yo también me había enamorado.

Ese hombre me abrió a mí mismo, inició el proceso de mi salida de la jaula impuesta por la Iglesia, fue la chispa que necesitaba. ¿Qué habría hecho con mi secreto de no haber encontrado a alguien que me alentó, abrazó y me dijo: «No tengas miedo de ti mismo»?

Fue mi primera relación homosexual. Al principio él hizo de guía, pero poco después se intercambiaron los papeles: yo caminaba cada vez más decidido hacia mi identidad, liberándome del peso de las constricciones y buscando un espacio de dignidad, libertad y amor. Olvidadas las palabras huecas de la doctrina, cada vez me sentía con más fuerzas para buscar y entender, mientras que él continuaba como paralizado por una auténtica presión homofóbica interior. No conseguía amar de verdad, aunque deseaba hacerlo: dentro de sí odiaba los propios sentimientos al considerar que, según la naturaleza, las cosas debían ir de otro modo. En aquel período comencé a reflexionar sobre cuán débiles, rebatibles y sustancialmente superados por las ciencias eran los argumentos con que la Iglesia nos aterrorizaba. Entonces aún no consideraba necesario desecharlos todos, pero no me parecían tan sólidos como antes. Yo necesitaba discutir, pero mi amigo no quería escuchar. Se escondía incluso a sí mismo el hecho de que era gay, en una especie de desdoblamiento, y esto se hacía insoportable especialmente cuando nos quedábamos solos. Entonces se sentía como un delincuente que mata a alguien y luego huye.

Visto en retrospectiva me doy cuenta de lo duro que fue aquel período, en ciertos aspectos intolerable. Nos enfrentábamos a un sistema eclesiástico inhumano que condenaba como pecado el hecho de ser uno mismo. Pero era él quien me daba más pena: no conseguía disfrutar ni siquiera de los instantes de libertad que teníamos cuando estábamos solos. No disfrutaba del momento de su pecado mortal. En absoluto. El dominio de la Iglesia sobre su mente no cesaba nunca.

Luego vino el miedo de que alguien sospechara de nosotros. La sospecha es, desde siempre, la verdadera y más temible arma usada contra los gais. Yo era más osado, mientras que él estaba siempre angustiado por la idea de que alguien pudiera intuir o, incluso, oír o ver. En este campo, en efecto, los católicos son insuperables: educados para una mentalidad de sospecha hacia los otros y hacia sí mismos, tienden a coger en falta a los demás y denunciarlos. No obstante, aquella primera relación me permitió adquirir valor frente a la locura de los que estaban a mi alrededor, quienes, en vez de ocuparse de sí mismos, se ocupaban de los demás.[31]

Quizá todo esto sea también uno de los efectos de la cultura de la confesión: el cura se toma la libertad de invadir la conciencia ajena para proteger las buenas costumbres y salvaguardar al mundo del maligno contra la voluntad del mundo mismo, en virtud de una presunta primacía moral, y lo hace inculcando miedo. Y mi amigo sentía este miedo. Entre tanto yo me refugiaba en la meditación y en el amor, y tenía cada vez menos miedo.

Nos dejamos dos veces y en ambos casos la iniciativa fue suya, precisamente porque no soportaba el peso del miedo, del sentimiento de culpa, y no conseguía reconciliarse serenamente consigo mismo. Pero Dios evidentemente lo quería así. Hoy estoy muy agradecido a aquel primer compañero, lo quiero, pero ya no podría estar con él. Le agradezco que me ofreciera la ocasión indispensable de abrirme a mí mismo y de ajustar las cuentas con la verdad.

31. Si intentas pedir a los católicos el espíritu de tolerancia, el respeto de los otros, procurar al menos comprender y acaso apreciar la diversidad, te responden que esta solicitud está influida por el mundo relativista, individualista y secularizado. En efecto, los católicos se sienten los únicos con derecho a juzgar qué está bien y qué está mal. ¡Qué fea bestia esta presunción suya! Podrían ser felices con la fuerza de su fe, con sus vidas realizadas, con la serenidad alcanzada; en cambio, se ocupan de los demás para encontrar sus debilidades. ¿Por qué no se ocupan solo de sus vidas beatas? Quizá porque esas vidas no son tan beatas...

Me abrió la puerta del armario. Fue él quien tomó la iniciativa conmigo. Pero al final me hizo sufrir: en realidad, no él, sino aquel dominio policial de la Iglesia que llevaba dentro de sí como una segunda naturaleza, y del que no sabía cómo liberarse. Después de separarnos, pasé un otoño terrible, solo y abandonado.

Por entonces no podía imaginar que menos de un año después volvería diciendo que no podía vivir sin mí, quería arreglarlo todo, quería reconstruir nuestra relación. En ese momento tuve que decirle que la persona a la que amar ya no podía ser yo. Al final me vi obligado a interrumpir toda relación con él, hasta bloquear su dirección de correo electrónico. Lo quería, pero ya no lo amaba. Pensando hoy en él, espero que encuentre a la persona adecuada con quien compartir el amor, cosa absolutamente necesaria para vivir en plenitud esta vida, para ser feliz e incluso para ser un buen cura.

Aquel sacerdote no fue el único con el que compartí el secreto de la común orientación sexual. En Polonia, en Suiza, en Italia, en Alemania, en España y en el Vaticano: allí donde me llevaba la vida encontraba hombres homosexuales como yo, curas como yo. Párrocos, seminaristas, teólogos, funcionarios, jóvenes y viejos, ignorantes y cultos. No quiero decir que todos me persiguieran a mí; simplemente los hallaba por doquier. No constituían excepciones, representaban una considerable parte de la corporación clerical que, más o menos, escondía el propio secreto...

Pero en mi vida cotidiana notaba una feliz regularidad: muchos curas gais eran buenos sacerdotes, a menudo mejores que los otros, más sensibles y más disponibles, a veces con una nota de tristeza interior, pero capaces de estar junto a los demás de una manera sabia, no previsible. Más interesados en la literatura, el arte, el teatro, el ballet y la ópera, sensibles a lo bello y empáticos hacia el sufrimiento y el dolor ajenos. Hombres de verdad, maduros y fraternos, aunque los hombres de verdad —al menos según la propaganda de la Iglesia— solo podían ser los heterosexuales.

Sobre esto hoy me he hecho una idea radical: pienso que precisamente estos homosexuales, precisamente por el hecho de ser buenos curas, deberían abandonar la institución que se permite ofenderlos continuamente. Para despertar a la Iglesia, deberían abandonarla en masa. Sé que semejante perspectiva es impensable para muchos, que no todos tienen otros caminos profesionales abiertos ni el valor de arriesgarse hacia lo desconocido, como ocurrió con mi primer amigo. Él no imaginaba que podía abandonar la Iglesia y ser feliz.

En efecto, esas tremendas dificultades para dejar el sacerdocio fueron también las mías. Es mucho peor que un divorcio. La perspectiva de quedarse sin trabajo es terrorífica, el pensamiento de ser abandonado, escarnecido, compadecido y rechazado por todos aquellos que conocías no es una visión muy dulce. Pero dentro de mí siempre ha habido una pizca de locura, una confianza ciega en Dios y la certidumbre de que no me abandonaría ni siquiera en este paso, entre los más duros de mi vida.

Cuando más tarde me encontré ante las mismas dudas y los mismos miedos, Eduard, mi compañero, me dijo: «La decisión de afirmarte debe ser toda tuya: debes estar seguro de que ya estás listo para dar el paso más importante de tu vida, para revelar tu identidad que nadie tiene derecho a pisotear, obligándote a esconderla con vergüenza.» ¡Qué hermoso habría sido que alguien me hubiera quitado de encima una decisión tan pesada! Pero Eduard me recalcó con invariable rigor: «Este es un paso de tu vida. Yo estaré a tu lado, pero solo tú puedes saber si ya estás listo para salir a la luz del sol y soportar todo lo que la Iglesia reserva a los suyos en estos casos.»

Precisamente en aquellos instantes comprendí cuánto me amaba.

Dios inmutable

Como homosexual debía protegerme, esconderme detrás de un muro. Para mí esto implicaba emprender el camino de los estudios. Como Narciso.

Significaba amar más la biblioteca que el campo de fútbol. Entre los libros me sentía seguro, no rechazado, no condenado, no reprimido. Soñaba con alcanzar la sabiduría que me permitiría resistir y crecer también en una situación que se hacía cada vez más incómoda.

Pensaba que podía dedicarme a la enseñanza y al servicio sacerdotal, evitando hacer cualquier referencia a la homosexualidad y a las teorías absurdas de la Iglesia en la materia. Pero, en la realidad de los hechos, esto no era posible: la mayoría de las veces, aun no siendo teólogo moral, ni sexólogo, ni psicólogo, ni sociólogo, se esperaba de mí que sostuviera y argumentara las tesis homófobas. Que continuamente deplorase el mundo relativista y secularizado, despojando de toda dignidad a esos desdichados homosexuales, participando en las bromas y las ocurrencias sobre los gais. ¡Ay de mí si no me hubiera reído! ¡Ay si alguien hubiera intuido que mi carcajada era falsa! ¡Odia y ríe! ¡Si no te sale espontáneamente, ensaya en casa delante del espejo! Entrénate para odiar: ¡no es tan difícil! Desde luego, fuera de la corporación podía recomendar respeto para cualquier persona, pero entre nosotros el desprecio a la diversidad era la regla: ¡ay de hacer distinciones o simples correcciones de evidentes falsedades y mistificaciones! ¡Ay si intentaba leer algo sobre el tema que no fueran nuestras idioteces, sino simplemente el fruto de investigaciones científicas, de libres indagaciones intelectuales!

En la Iglesia tenía cada vez más la impresión de estar sometido a un verdadero adoctrinamiento, no distinto del marxista, que recordaba perfectamente de la Polonia de mi infancia. La mayoría de las veces para el clero la *homosexualitas* era «el» tema, el único tema importante, y me veía obligado a unirme al coro cotidiano de aquellos homófobos reprimidos.

Yo trataba de refugiarme en los estudios para preservar un cierto equilibrio mental. Pero lo que la Iglesia afirmaba oficialmente respecto de las personas «con tendencias homosexuales» se contradecía con la realidad de los hechos. El trato que se dispensaba a los gais discrepaba vergonzosamente del equilibrio cristiano. Un montón de contradicciones, ignorancia y prejuicios. Un montón en el que todo era eclesial. Y en esta tartamudez no se podían plantear preguntas, exponer dudas.

Los principios que afirmaba la teología moral en materia de homosexualidad se veían continuamente refutados por los avances de las ciencias: el mundo había hecho progresos enormes y desde hacía tiempo la homosexualidad ya no se consideraba un sinónimo de libertinaje y disolución, sino un objeto de rigurosas investigaciones. Pero nosotros no debíamos saber nada de ello. Para la Iglesia todo eso eran falsedades ideológicas: cualesquiera que fuesen los resultados de las estadísticas, siempre se consideraban ambiguos o inválidos porque el único objeto de estudio eran los núcleos heterosexuales. Los gais seguían sin tener derecho a existir.

Mientras tanto, en el mundo civil, los estados democráticos iban introduciendo leyes sobre las parejas de hecho y sobre el matrimonio igualitario, al tiempo que las asociaciones de medicina y psiquiatría, finalmente, borraban la homosexualidad de las listas de las enfermedades psiquiátricas y de los desórdenes de la personalidad. Pero ¿con qué derecho lo hacían? Según la Iglesia, eran iniciativas del *lobby* gay que quería convertir a toda la población a la homosexualidad. Y poco contaba el hecho de que en los países donde se permitía el matrimonio entre personas del mismo sexo desde hacía años el porcentaje de homosexuales no hubiera aumentado. La mayoría heterosexual no se había contagiado, si acaso había sido «contagiada» del respeto hacia los otros, aunque diversos.

La condena de la Iglesia concernía tanto a los actos homosexuales, libres y consecuentes, como a la simple orientación, que se consideraba un desorden en sí misma. Sucedía, por tanto, que el catecismo prescribía reprimir también la tendencia, el simple deseo de amor que una persona siente independientemente de su voluntad.

Al mismo ritmo procedía la irracional guerra católica contra el término «homofobia»: esta palabra habría sido inventada sin ningún fundamento científico, sino solo para hacernos un lavado de cerebro; por tanto, no había que usarla en absoluto, porque el concepto mismo no debería existir. Pues bien, esta expresión, desde el tiempo de la revolucionaria formulación del psicólogo George Weinberg, había sido analizada y sometida a rigurosos debates interdisciplinarios. Pero los católicos, enrocados en sus propias posiciones, ignoraban el esfuerzo de asignar un nombre a la realidad.

Del mismo modo, en actos comunicativos en que se hablara de cultura, de arte o de costumbres, nunca había que usar el término «gay», porque no había que acostumbrarse a una «anomalía». Y yo, en todo esto, solo quería esconderme en la biblioteca. Entre los libros...

No me daba cuenta de que me habían vencido, me habían sometido, me habían violado interiormente. El autocontrol que la Iglesia me había impuesto no era un valor espiritual: era la violación de mi ser. Implicaba la sublimación, que es un acto represivo. Pero yo era un discípulo diligente y fiel. Me fiaba de la Iglesia...

Sin embargo, en un momento dado me di cuenta de que la sexualidad reprimida y negada empezaba a influir también en mis estudios. La imagen que tenía de Dios era la que ofrecía la teología oficial. Una imagen intransigente. Mi Dios era inmutable e impasible. Este era el primer paso para fosilizarme en mis posiciones y para esconderme mis sanos deseos, la natural tensión romántica y erótica hacia las personas de mi mismo sexo; en resumen, la orientación homosexual. Dios era rigurosamente inmutable, inmóvil, impasible e imperturbable, y así debía ser también yo, su sacerdote homosexual. Los españoles dirían: «Indiferencia... Obediencia perfecta de indiferencia... nada más.»

Fue de nuevo el Narciso de Hesse el que me inspiró. Cuando le decían que lo veían siempre dueño de sí mismo, tranquilo e imperturbable, él respondía: «Mira, amigo, tú ves la paz, y es cierto que existe, pero no una que more en nosotros permanentemente. Tú no conoces mis luchas interiores en el secreto de mi celda. Hay una paz, pero pasa por la continua lucha interior.» Precisamente esta es la lucha que me fascinaba. Con ella quería parecerme a Dios, alcanzar la paz perfecta e inmutable de Dios.

En esto era un buen alumno de Dios. Cuando me acercaba a los otros queriendo llevarles la paz, emitía las vibraciones positivas propias de una persona madura, fiable y equilibrada, perfectamente dueña de sí misma. Pero todo empezó a hacerse añicos cuando me di cuenta de que la orientación sexual no podía ser objeto de una lucha interior y escondida, porque eso me habría provocado un malestar continuo.

Aquella rígida visión de Dios no podía aportar más que un concepto muy abstracto del ser humano, carente de relaciones. Pero la doctrina era indiscutible, inmutable. Por eso, en aquella época pretendía incluso refutar las ciencias del género, que conocía filtradas por la Iglesia, si no las ignoraba del todo o, peor, las veía deformadas. En efecto, entonces aún no había leído ninguno de aquellos estudios considerados tan infamantes como reprobables.

Solo aplicaba a rajatabla el método de los «científicos católicos»: no leer nada, pero criticarlo todo con ilimitado engreimiento. Juzgarlo todo, sin conocerlo en absoluto: este era el banal fundamento de muchas reflexiones teológicas presuntamente basadas en una misteriosa autoridad de la Iglesia, que al saber distinguir el bien del mal, ya lo había leído todo y lo había etiquetado todo. Pero comprobarlo habría significado leer bibliotecas enteras de volúmenes que ya apestaban a quemado. Y que, por tanto, quién sabe, podían ser peligrosos para el lector... El índice de libros prohibidos siempre ha sido para los católicos un despótico y eficaz instrumento de autocontrol. Por ejemplo, indicaba claramente que todo lo que contenía la palabra «género», «sexo», «homosexual» no debía ser leído, y punto.[32] En el fondo, los regímenes siempre han temido que la gente leyera, se informara y, en consecuencia, empezara a reflexionar y a pensar...

Durante años me he escondido detrás de un muro de libros, pero solo los que la Iglesia consideraba correctos. Hoy he entendido que no se trataba de una selección intelectual, sino solo del intento de autocontrol hecho por un

---

32. Por desgracia, también en este campo los polacos son unos verdaderos campeones. Los obispos de mi país han descubierto algunos talentos, llegando a producir un profesorcillo que celebra conferencias por doquier, incluso en el Parlamento, donde instruye a los diputados. Enseña a la gente frases fáciles de repetir, como «el género es el demonio», añadiendo con palmaria convicción que no se debe leer a ninguno de los autores que estudian el tema, salvo a él. En efecto, todos los que escriben de ello, sostiene el profesorcillo, son marxistas: el marxismo ha caído y, por tanto, también estas mentes influidas por ese movimiento deben ser ignoradas. Los obispos repiten desde su posición de fuerza la misma historia: «el género es una ideología marxista» y debe ser combatida con decisión. Aunque no saben de qué están hablando.

homosexual católico que no quería aceptar la propia orientación, porque la Iglesia lo había señalado como pecaminoso, vergonzoso y culpable. La Iglesia, persiguiendo la homosexualidad con torturas psicológicas, a menudo más feroces que las físicas, me perseguía también a mí, y yo me escondí detrás de los libros.

Entre tantos, me escondí en particular en el pensamiento de Tomás de Aquino (1225-1274), en el cual reconocía orden y completitud, y vislumbraba el equilibrio y la armonía entre la fe y la razón. Pero hoy pienso que también mi pasión por este teólogo y filósofo medieval era más bien un refugio intelectual, un escondite de las preguntas que nacían fuera de su esquema petrificado.

Las legítimas preguntas y las razonables dudas que concernían a la existencia, la naturaleza, la vida...

Inquisición

Hoy ya no quisiera poner un pie en la congregación para la doctrina de la fe, ex santo oficio, ex santa inquisición, ex santo índice de los libros prohibidos,[33] ex infierno en la tierra (¿ex? Si acaso, ¡sex!).

Sin embargo, debo al menos demorarme delante de la puerta de ese abismo que está a la izquierda —solo físicamente— de la basílica de San Pedro en el Vaticano (en estas páginas me limito a asomarme, ¡quizás en un próximo libro consiga adentrarme en sus vísceras!). Es un edificio

---

33. Los nombres de algunas instituciones creadas en el curso de la historia (Santa Inquisición, Santo Oficio, Congregación para la Doctrina de la Fe, etc.) tradicionalmente se escriben con las iniciales en mayúsculas, pero en este libro he decidido sustituirlas por las minúsculas. A menudo la inicial mayúscula lleva consigo un halo de miedo y suscita una temerosa reverencia. Así ocurre que el lenguaje ya nos hace tomar por indiscutible, «consagrado» como superior a nosotros, lo que, en cambio, tiene mucho de subjetivo, relativo y humano. En realidad, me gustaría abolir todas las iniciales mayúsculas salvo para Dios, pero con este libro no puedo introducir una reforma lingüística tan radical.

austero del siglo XVI, con una fachada que debía suscitar temor en los transeúntes, mostrando el poder de la Iglesia. A primera vista, un poder espiritual, pero —si se mira desde más cerca— también un poder sexual. El poder que se ejerce sobre el sexo.

Mi camino me ha llevado a la inquisición. No imaginaba mi vida en otra parte. Entrar en ella era el sueño más exaltante de mi juventud, la máxima aspiración del estudiante más diligente y aplicado. No sabía cómo podía conseguirlo, pero sabía que quería y debía formar parte del santo oficio. No me interesaban las otras congregaciones vaticanas, solo aquella donde ejercía Ratzinger. Imaginaba aquel lugar como el paraíso en la tierra, el corazón mismo de la verdad de mi fe. El deseo de alcanzarlo dominaba mi mente: para mí, era la única cima que conquistar.

En esta ambición me comportaba como un macho que, según los estereotipos, ansía alcanzar el poder y no se conforma con las victorias a medias. Quería la parte más secreta del Vaticano, la quería mía. Sí, soñaba con entrar y quedarme, llegando con el tiempo a ganarme el púrpura que corresponde al cardenal prefecto, el jefe de aquel supremo cargo de la Iglesia. Nunca he soñado con convertirme en papa, no me interesaba. Aspiraba a convertirme en prefecto inquisidor, lo soñaba con el entusiasmo juvenil de servir a la verdad, poseída y custodiada por la Iglesia.

Pero también había algo más detrás del santo oficio. Lo entendí leyendo la biografía de un agente de los servicios secretos que, de muchacho, quería a toda costa formar parte del KGB: para eso estudiaba, para eso se había formado, a eso había dedicado sus energías. Solo que allí, donde debía ser admitido, no se entraba gracias a unas buenas notas o al currículo enviado por correo urgente. Allí se era invitado, seleccionado, secretamente secuestrado. Allí tú no entrabas, allí te hacían entrar. Allí no pasabas por la puerta de acceso, sino que te introducían a través de puertas excluidas a los simples mortales. Así descubrí tristemente que mi sueño eclesial tenía algo en común con el suyo. Él quería servir al sistema. Yo también. Quería mantener el poder de la dictadura. Yo también. Quería gestionar y dominar la verdad. Yo también.

En aquel tiempo no me daba en absoluto cuenta del hecho de que yo también quería entrar en el KGB del Vaticano, verdaderos servicios de policía de las almas, de custodia de la verdad. Más tarde descubrí que era solo un servicio de custodia de la torpeza y del entumecimiento intelectual, o quizá solo de la cerrazón a cualquier forma de pensamiento racional y libre. Una oficina donde las más importantes cuestiones de la vida humana, o incluso cuestiones que creábamos nosotros mismos allí dentro, se reducían a la banalidad: para todas las preguntas sobre el hombre ya teníamos una respuesta preconfeccionada, sin ni siquiera observar los dramas y los conflictos, ni aún menos plantearnos nuevas y pertinentes cuestiones originadas por la realidad. Un régimen donde las personas armadas con sus estudios se transformaban en protectoras del sistema vigente. Sumidos en la apatía eliminábamos cualquier pregunta o duda intelectual, protegiéndonos así de la realidad circundante, capaz de inquietar al sistema y exigir su reforma. Entonces no me daba cuenta de todo esto, aun habiendo leído páginas no precisamente benévolas que algunos teólogos habían escrito sobre este lugar oscuro. No creía ninguna de esas calumnias. Deseaba el palacio más secreto del Vaticano, el más santo de los santos.

Trabajaba sin pausa para entrar. Trataba de no faltar ni siquiera a una cita romana. Participaba en todos los congresos posibles e inimaginables, encuentros públicos, conferencias, simposios, presentaciones de libros, inauguraciones de muestras, conciertos, misas, funerales, desayunos, almuerzos y cenas. Donde era posible meterse, allí estaba yo. Hoy me parece necio mi comportamiento de entonces. En mi ingenuidad creía que, antes o después, alguien repararía en mí e introduciría en los sagrados palacios a aquel principito polaco que, en el fondo, no era en absoluto estúpido y en absoluto antipático.

En aquel tiempo estaba el papa Juan Pablo II, y todo polaco sabía cómo entrar en el Vaticano: «mediante» sus apartamentos o su secretario. Solo que yo no conocía, y no quería conocer, ni los apartamentos pontificios ni aún menos los corruptibles ambientes polacos. No quería sumergirme en aquel potaje de favores y de placeres, condimentados de odio y de ganas de prevalecer sobre los demás en aquella competencia por ser nombrados obispos en la fría Polonia. No quería mezclarme con aquellos miles de buenos «sobrinos» de Wojtyła, que, de pronto, se acordaban de que tenían una tía, por desgracia ya muerta, que «en el pasado había hecho unos calcetines muy abrigados para el joven Karol, antes de que se convirtiera en papa» y que quizá podía servir como billete de entrada en la corte.

Quería entrar porque era consciente de que tenía las cualidades necesarias, porque merecía ese puesto, porque me había formado en las mejores escuelas católicas, porque tenía experiencia en varias iglesias y en varias naciones dispersas por el mundo. Quería entrar como europeo, con mi italiano, certificado por los exámenes de Estado que había superado. No quería entrar en la corte del papa polaco, cuyo inminente funeral muchos esperaban. Quería servir en el santo oficio de Ratzinger, no de Wojtyła.

Y todo fue como quería, a la perfección. No entré en el puesto de un polaco ni por las presiones ejercitadas por los polacos. Ocupé el puesto que dejó Georg, el guapo Giorgio, cuando fue ascendido a secretario personal de Ratzinger. Heredé su ordenador, su despacho y su silla.

En mi ingreso fui presentado no se sabe bien por quién: en realidad lo sabía y no debía saberlo al mismo tiempo, como no debía saber quién era yo, no debía saber que era gay. Pero el entusiasmo de aquella fase inicial era algo paradisíaco. Solo pensaba en el trabajo, al que muy pronto se sumó la enseñanza en la universidad. Me emocionaba viendo la vida de la Iglesia desde la perspectiva de los expedientes del santo oficio. Me excitaba participar en aquel sistema de gestión de la verdad.

Al observar a mis colegas, muy pronto empecé a darme cuenta de que destruir al otro, usar el arma de la delación, hacer carrera sobre la cabeza de las víctimas... era el pan nuestro de cada día. Exactamente como leí en la biografía de aquel tipo del KGB. Y desde luego había que elegir adversarios débiles e indefensos, ¡por supuesto no a un poderoso cardenal!

¡Por no mencionar los demás secretos para estar en la santa inquisición! Debías experimentar un placer varonil en destruir al otro, en anularlo. Nunca debías decir nada directamente a la cara, sino susurrarlo al oído de los poderosos y a espaldas de los interesados. Debías dar la impresión de tener contactos por doquier y conocer al menos a la mitad de los obispos de la Iglesia católica, de otro modo eras inexistente. Debías saber a quién y cuándo revelar tus preciosas amistades, prometiendo eventualmente llamarlos por teléfono y creando así un aura de amigable conspiración. En realidad, este modo de trabajar de la inquisición se había quedado detenido en la Edad Media, aproximativo y caótico, sin que existiera un criterio riguroso para definir la profesionalidad. Es más, el único criterio válido era establecer quién era de los «nuestros».

Pronto descubrí que, entre funcionarios, para marcar a un enemigo bastaba con decir con reprobación: «Como es bien sabido, ese es homosexual.» Para destruir a alguien bastaba con pronunciar la palabra mágica con odio y desprecio, como si se tratara del juicio de Dios, como la condena a muerte de un criminal. Es más, de un hereje porque era homosexual. De un criminal que debía ser compadecido, amonestado y apartado. Así esta dulce oficina de la Iglesia encendía la hoguera de las mentes enfermas...

Los homosexuales eran uno de los temas preferidos, a la orden del día. Una obsesión. Recuerdo un monseñor tradicionalista, que durante toda la vida no había hecho nada bueno y, como perfecto holgazán, había conseguido ascender gracias a Benedicto. Durante una pausa para el café este hombre gritó, refiriéndose a las violentas manifestaciones de odio por parte de los ortodoxos en relación con los homosexuales rusos (los mejores inspiradores de leyes rusas contra los gais): «¡Por fin alguien tiene el valor de eliminar a los gais, esos desechos humanos! ¡Por fin alguien no ha tenido miedo de pegarles!» Dentro de los muros se utilizaba este lenguaje, aunque no desde luego en las declaraciones oficiales a los medios. Éramos «sanos» como los ortodoxos en el combate de la peste homosexual y, al mismo tiempo, en la escenografía —decididamente gay— del viejo rito litúrgico de la Iglesia (con buenas dosis de inciensos varios) nos envolvíamos en aquellas ropas eclesiásticas que más gais no podían ser. Caminábamos como reinonas con aquellas faldas talares, que iban del rosáceo al rosa, y finalmente al púrpura...

Las pausas para el café eran cruciales en la vida de aquella congregación: allí se formaban los juicios, se conquistaba a los superiores, se daba la impresión de dominar la situación política de cada país, solo porque se había conseguido echar un vistazo al *The New York Times* o al *Frankfurter Allgemeine* esa misma mañana en el ordenador del despacho. Se pasaba de la primera pausa a la segunda hasta terminar el horario de trabajo: y menos mal, porque no quiero imaginar cuánto más daño habrían podido hacer si se hubieran puesto a trabajar de manera sistemática y rigurosa (pero era quizá precisamente esa falta de rigor intelectual lo que combinaba desastres). Las pausas para el café se presentaban como una forma de aproximación «personal» al trabajo de un equipo bien compacto. Pero no había ningún equipo, como no había personas de verdad: más bien era una manada de infalibles trepadores cubiertos de largas vestiduras y dulcemente devotos, que así llevaban adelante la vida de aquel santo oficio y del mundo entero, con sus propias brillantes ideas sobre el futuro de la Iglesia y de la humanidad.

La suprema prueba de examen en la pausa para el café eran los comentarios sobre los odiados homosexuales. Recuerdo, después del indiscutido éxito de *Brokeback Mountain* (2005), el juicio categórico de un norteamericano que cerró la iluminada discusión al respecto por parte de la Iglesia católica, durante una pausa para el café: «No existen los vaqueros gais.» Pero yo me pregunto: ¿cómo se habían permitido insinuar en más de dos horas de película una falsedad semejante? Claro, no existen los vaqueros ni los curas gais...

Entre aquellos mismos muros del santo oficio se perfilaban diversas «alianzas de afinidad espiritual» del Vaticano. Ante todo con el presidente ruso Putin, al que la Iglesia agradecía las leyes dictadas contra los homosexuales en su país. Por otra parte, no suscitaban ningún rechazo ni siquiera los países musulmanes, donde una manada de hombres bestiales, ellos mismos de orientación sexual no siempre bien definida, humilla y mata a los jóvenes gais, mostrando así qué es lo que está vetado y, por tanto, debe ser escondido. Era previsible además la alianza de intenciones con países como Polonia, adoctrinada por una propaganda de odio que define la homosexualidad como una enfermedad perversa y la confunde impunemente con la pedofilia. ¿Y cómo no aliarse también con esos iluminados países africanos, los últimos «sanos» sobre la faz de la Tierra, que prevén la prisión o la muerte para los gais y las lesbianas?

Nosotros, en el Vaticano, oficialmente éramos más civilizados, pero cuánto nos habría gustado usar métodos más eficaces de eliminación de los homosexuales, lanzándolos, por ejemplo, desde los tejados de altos edificios, exactamente como los nazarenos querían hacer con Jesús desde el precipicio de su ciudad (cfr. Lucas 4, 29). Si por casualidad el criminal homosexual hubiera sobrevivido a aquel vuelo impuesto por su bien, esperándolo abajo habría estado la multitud con las piedras para lapidarlo, exactamente como se hacía en los tiempos evangélicos (cfr. Juan 8, 3-11).[34] Pero el único camino era alimentar una propaganda solo verbal, que, a veces, mata más eficazmente que las piedras.

La alianza del Vaticano con todos los homófobos de la Tierra era un hecho... Nunca podré olvidar el momento en que el prefecto del santo oficio, con aquella complicidad que teníamos entre nosotros, me dijo que debía abandonar una reunión, mostrándome con satisfacción en la agenda de su iPhone la cita con un ayatolá. Solo después me percaté de que debía de ser uno de esos jefes religiosos que incitaban a sus seguidores a eliminar a los homosexuales. Tras el encuentro, el prefecto me contó que también aquel ayatolá estaba desilusionado y preocupado por la permisividad del papa Francisco. Ya no hay religión...

Lo que de verdad resultaba increíble en el santo oficio era (y es) el odio hacia el papa Francisco, considerado un

---

34. «Los maestros de la ley y los fariseos llevaron entonces a una mujer que había sido sorprendida en adulterio. La pusieron en medio de todos los presentes, y dijeron a Jesús: "Maestro, esta mujer ha sido sorprendida en el acto mismo del adulterio. En nuestra ley, Moisés ordena matar a pedradas a esta clase de mujeres. Y tú, ¿qué dices?" Preguntaban esto para ponerlo a prueba, para encontrar algo de qué acusarlo; pero Jesús se inclinó y comenzó a escribir en la tierra con el dedo. Luego, como seguían preguntándole, se enderezó y les respondió: "El que de vosotros esté sin pecado, que le arroje la primera piedra".»

irresponsable progresista. Mi jefe deploraba a ese ignorante populacho que permanecía en la plaza de San Pedro para la audiencia, aplaudiendo al nuevo pontífice. A la homofobia se añadía una curiosa forma de Francisco-fobia. A los ojos del santo oficio ni siquiera bastaba con que Bergoglio, aún cardenal, hubiera hecho unas divagaciones —de mal gusto— sobre el carácter diabólico del amor matrimonial entre homosexuales. Ahora esa opinión se le volvía en contra: en este momento, era él quien representaba el peligro infernal. Para el santo oficio, el demonio parecía ir vestido de blanco...

Así pues, en el interior del santo oficio se había formado un verdadero *lobby* antipapa que se sentía en el deber de atenuar, anular o detener el «desastre» provocado en la Iglesia por aquel pontífice, objeto, por desgracia, de una indiscutible popularidad. Era auténtico, espontáneo y creíble. Hablaba y, en un instante, suscitaba cambios de mentalidad. La gente dejaba de tener miedo de alimentar un pensamiento crítico sobre la Iglesia. Las personas empezaban a hacer preguntas, a pensar, a reflexionar. Es más, comenzaban a ver que ciertos dogmatismos no eran tan indiscutibles como se presentaban, que las convicciones no eran tan inamovibles como parecían antes. Así, cada uno podía descubrir que tenía una conciencia propia, que tenía derecho al propio discernimiento... y también podía percatarse de que era posible poner en entredicho a un cura, que no estaba «por encima de la ley», o que podía ser también un haragán habituado al lujo y nada más. La gente, sedienta de fraternidad evangélica y de recíproca comprensión, comenzaba a desenmascarar y amenazar al poder de la Iglesia, del clero, el ciego dominio de la corporación sobre la propia conciencia.

Así, en el santo oficio se cerraron las filas para la contraofensiva. En el escuadrón de la muerte militaban, además del jefe, el subsecretario fascinado por el yoga, el simpático pero muy peligroso soldadito-jefe de la oficina —el verdadero «policía de las almas»— y algún italiano ambicioso, defensor de la familia verdadera, procedente de Comunión y Liberación, junto con un estadounidense, sospechoso de ser gay y seguidor de la extrema derecha. El asunto no pasó inadvertido, tanto que una perspicaz revista católica se permitió pintar al jefe como obstruccionista del papa. Pero solo quien estaba dentro del santo oficio podía asistir a las cotidianas crisis de pánico, condimentadas por trastornos de ansiedad, que provocaba cada palabra de Francisco. Después de cada homilía, discurso o entrevista del papa libre se desencadenaban ataques de intenso miedo y comenzaban las intervenciones clandestinas de sabotaje del pontífice, un sabotaje a menudo artesanal y caótico, pero real. Real como atizar a los obispos contra el papa, ponerlos de su parte para aislarlo. Pero también caótico, como puede ser la reacción de quien de pronto sufre palpitaciones, sudoración imprevista y sensación de ahogo, náuseas, mareos, escalofríos y sofocos.

Los católicos diseminados por el mundo, poco a poco, estaban cambiando. La principal fuerza del Vaticano que hasta aquel momento había regido la Iglesia —la prepotente presunción de dictar leyes por doquier, de ser la depositaria de la única verdad— comenzó a perder vigor. El papa Francisco parecía querer respetar la autonomía de los estados laicos, prometía dejar de hablar de absurdos como los «valores no negociables», con los que el santo oficio pretendía seguir intimidando al mundo, vedándole el derecho a la palabra «en nombre de Dios».

El lema con el que el santo oficio intentaba su nueva y feroz defensa de la fe era: defendamos la familia en los sínodos del papa Francisco. Lo anunció el jefe con tono solemne, no sin caer en el ridículo: «Debo salvar a la familia, contra este papa...» (con mi habitual meticulosidad registré de memoria cada palabra que oía y, poco a poco, ya no pude soportar la escalada del absurdo). Nadie sabía a qué familia aludía. Algunos malignos ironizaban que era la de algún jefe con su secretario general, una nueva forma de familia. Yo prefería no saber nada, porque desde siempre estaba convencido de que el cristianismo debía respetar la vida familiar de cada uno. Al mismo tiempo pensaba, solo en general y sin referencias personales, que era preciso defender absolutamente las nuevas formas de familia, también las que se fundaban en el amor entre dos hombres o entre dos mujeres. Otros, igualmente malos, decían en cambio que debíamos defender las familias tradicionalistas o tradicionales, las mismas que, sobre el modelo patriarcal y según los agotados estándares evangélicos y paulinos, sometían a menudo con violencia a las mujeres. De todos modos, en aquella llamada a las armas en el santo oficio, nadie entendía bien qué tipo de familia debía defender, aunque todos sabían que se trataba de defenderla de aquel Francisco, de aquel papa que nosotros, en el pasado aguerridos defensores del centralismo pontificio, nos permitíamos ahora definir como peligroso ignorante (los ignorantes éramos nosotros, no él).

Pero un día, el jefe, de vuelta de la audiencia papal, ¡nos expuso, esperanzado, una posibilidad de pillar a Francisco en una contradicción! La ocasión nacía de una propuesta que había hecho yo mismo: había planteado la candidatura de cinco mujeres para la comisión teológica internacional, de la que yo era secretario adjunto, para someterla a la firma del papa. Poco después Francisco había afirmado públicamente que cinco mujeres aún no eran una representación suficiente. Era una idea para promover la presencia y el papel de las mujeres, que efectivamente es una cuestión tan urgente como relegada por la Iglesia. Sin embargo, el jefe, de vuelta de aquella audiencia privada, nos refirió que el papa le había confiado (¡quizá para tranquilizar a la aterrorizada inquisición!): «¿Sabes?, a mí no me gusta que haya demasiadas mujeres enseñando, no estoy demasiado a favor de las mujeres.» El jefe nos trajo, radiante, este mensaje, que debía ser un bálsamo para nuestra misoginia, tan arraigada como la homofobia. Debía sobre todo reconfortarnos el hecho de que el pontífice asumiera externamente una posición, pero en realidad promoviera otra. (Pero quién sabe qué había entendido el jefe de las palabras del papa, que desde luego no hablaba un italiano perfecto... Pero de esto hablaremos en otra ocasión.)

Siempre he sido muy prudente en atribuir una orientación sexual a las personas. Además, nunca me han interesado los secretos ajenos: creo haber heredado esta actitud de mi familia, en particular de mi madre, que podía parecer huraña porque no le interesaba invadir los asuntos privados de las personas, aunque en realidad ocurría que era tan fuerte en sus convicciones que no necesitaba recibir confirmación de ellas demonizando a quien no las compartía. Pero la curia vaticana y el santo oficio nunca han visto con buenos ojos semejante reticencia a invadir la intimidad ajena: entre los funcionarios de este celestial régimen, el ejercicio del poder pasaba a menudo por las habladurías. Pronto me percaté de que era un pez fuera del agua en aquella carrera en la que estaba previsto que dominara a los otros utilizando también el arma del cotilleo. Pero yo me negaba instintivamente a entrometerme en cuestiones ajenas y quizá por eso era siempre el último en descubrir los chismes que circulaban en el despacho. «¡Maricón el último!», como dirían los chicos españoles.

Siempre he sido muy riguroso en distinguir entre cuestiones laborales, públicas, y la vida privada. Quería alcanzar el éxito profesional apoyándome exclusivamente en la eficacia y el empeño constante. Pero el sistema del santo oficio requería otra cosa. Aquí había que conocerlo todo de los otros y saber ante todo quién era gay y quién no: parecía una especie de deporte «nacional» de nuestra corporación, en el que me sentía fuera de juego desde el pitido de inicio del partido. Mis colegas eran capaces de pensar y de decir las obscenidades más gratuitas y ofensivas contra los gais y otros herejes varios. Yo no quería saber ni siquiera quién lo era. Pero, poco a poco —sin ningún amargo humorismo—, comencé a preguntarme solamente quién era yo y qué hacía allí.

Ahora, para no dejar lagunas en los recuerdos, debo referir lo que sentía entre aquellos muros. En vez de tratar seriamente los temas ligados a la orientación sexual, divagábamos sobre la orientación sexual de cada uno. Así, según alguien, la orientación de uno de nuestros colegas más importantes y de su colaborador más estrecho no dejaba dudas. Uno me susurró al oído: «¿Has oído lo que se dice en el Vaticano de él? Cuando pasa con su... la gente dice: *Herr und Frau...*» Y aquí pronunciaban el apellido del miembro más anciano de esta unión de amistad y de dependencia psicológica, no demasiado oculta y quizá ni siquiera ocultable (a mi modo de ver, si acaso habrían debido decir respetuosamente *Herr und Herr*, como se impone en un matrimonio entre personas del mismo sexo, pero ¿cabe esperar semejantes sutilezas de los homófobos?). *Herr und Frau*... En mi interior me avergonzaba de escuchar tales banalidades, y al mismo tiempo no veía la hora de que la Iglesia dejase de estigmatizar a las minorías sexuales. Mis informadores se esforzaban por mostrarse preocupados por la pureza de nuestros ambientes, pero no conseguían ocultar su excitación y complacencia. Me preguntaba cómo habría debido interpretar informaciones tan preciosas: ¿eran solo los rumores malévolos de hombres reprimidos y celosos? ¿O representaban la reacción de quien, al fin y al cabo, debía apañárselas en aquel circo de imposiciones inhumanas? No, aquellos chismes me parecían exclusivamente el fruto de la hipocresía de aquellos «salvadores» del mundo. El santo oficio era un hormiguero de fariseos que habían elegido a los homosexuales como la comunidad a la que odiar y enfangar. Me parecía cada vez más claro que eso no podía continuar así. Con mayor razón no podía difundir rumores sobre la orientación sexual de quien fuera, sin tener ni siquiera la certeza. Por otra parte, no me interesaba «tener las pruebas»: nunca habría querido perseguir a alguien por su homosexualidad, por sus historias de amor, por sus amistades. ¡Agradezco a Dios que existan las historias de amor y las amistades!

Solo me preguntaba por qué se hablaba siempre de homosexualidad y siempre con mofa, sin estudiarla seriamente. ¿Por qué era el tema predilecto? La respuesta podía ser: porque existe un insaciable deseo, que se expresa de manera artificial con cháchara, que no conseguimos reservar para nosotros. Pero no solo eso: en tales relatos volvía a ver los rostros melancólicos de los muchachos del Vaticano, deseosos de normalidad y frustrados, que al no sentirse libres de vivir serenamente la propia sexualidad se desahogaban encarnizándose contra aquellos altos prelados que, después de haber alcanzado las metas que ambicionaban en su carrera, parecían transgredir los vetos de la Iglesia homófoba. Pensaba en esos muchachos que, en vez de reflexionar sobre la hipocresía de la propia corporación eclesiástica, se llenaban la cabeza de relatos sobre la innombrable felicidad de parejas de curas, sobre el amor que solo en ese ámbito no osa decir su nombre. Y estaba triste.

Sin embargo, aunque no quería ni siquiera oír lo que me susurraban al oído, no podía taparme los ojos. En muchos casos me bastaba observar las relaciones entre dos personas: su complicidad y recíproca dependencia, los apodos cada vez más afectuosos, las miradas enamoradas... Los monseñores homófobos más aguerridos de la extrema derecha —aquella nostálgica del español Franco, del argentino Videla o del inolvidable chileno Pinochet— las definían como «amistades particularísimas». Sí, muy particulares...

Con el tiempo me molestaba cada vez más que se mezclara la vida privada con la profesional. ¡Que fuera hicieran lo que quisieran, pero allí dentro debían trabajar! Y en cambio algunos nombraban como secretario a un amigo, siguiendo exactamente el paradigma evangélico del centurión que convivía con su chico, siervo y amante, y que pidió a Jesús que lo curara. Este esquema se repite en muchas relaciones dentro de la Iglesia. Es nuestro modelo escondido (cfr. Lucas 7, 1-10; Mateo 8, 5-13), pero desde luego no podemos exponerlo públicamente. ¿Quién era aquel joven sirviente, puesto que no era hijo del centurión? Se trata solo de un pasaje muy oscuro de los Evangelios, sobre el cual —prudente y devotamente— es mejor pasar página.

Nunca me ha interesado verificar si dos sacerdotes amigos mantenían o no relaciones sexuales. Por otra parte, según lo que decía Jesús, para pecar bastaba el pensamiento. Pues bien, entre los eclesiásticos, muy a menudo el pecado estaba en la mente, en el deseo. Poco o nada cambiaba si se acostaban juntos o si cada uno de ellos se masturbaba pensando en el otro en secreto. La relación homosexual (como también la heterosexual) puede pasar por las vías de una amistad particular e, incluso sin llegar a los contactos íntimos, puede influir profundamente en las relaciones de trabajo. En cierta forma, sería mejor que dos se acostaran en su tiempo libre, sin contaminar el ámbito profesional con las tentaciones de una relación homosexual reprimida.

Los eclesiásticos no tienen derecho a expresarse sobre la moral de la homosexualidad y, más en general, de la sexualidad, incluso hetero. Antes deberían poner orden en su modo incoherente de percibir y vivir la sexualidad y en sus pulsiones adormecidas. En resumen, precisamente algunos jefes vaticanos a los que he conocido deberían callarse sobre la homosexualidad. Y si un periodista los interrogara al respecto, siempre podrían pedir otro sobre con preguntas diferentes; por ejemplo, sobre qué tiempo hace en África o sobre cómo defender a los pingüinos... Aunque, claro, los pingüinos son una de las especies animales en las que hasta ahora se ha registrado una de las mayores tasas de homosexualidad. Quizás en este caso habría que pedir un tercer sobre con otras preguntas: los pingüinos son demasiado gais, ¡nunca podrían ser curas! Mejor no hablar.

Nunca me oiréis acusar a alguien porque tiene relaciones homosexuales, como tampoco heterosexuales: ambas realidades son sanas y llevan a la persona por el camino de la realización de sí misma, le permiten construir una relación y a menudo sentar las bases para el amor. Muchos curas, entre los que me incluyo, cuando han empezado a sentir amor, a tener relaciones íntimas con la persona amada, sea hombre o mujer, se han convertido en mejores sacerdotes, más sensibles, más compasivos, más dedicados al prójimo. En consecuencia, celebraban mejor las liturgias, comprendían mejor el dolor ajeno, las vicisitudes de la vida, predicaban mejor, de manera menos distanciada del mundo real, porque su corazón y su mente se habían liberado.

Pienso que ante todas estas habladurías en parte infundadas y en parte no, la Iglesia debería avergonzarse de perseverar en su prepotencia. Debería reflexionar sobre su inhumanidad hacia los propios obispos, curas y fieles laicos, y sobre cómo los hace despiadados para con el resto del mundo. Además, incluso si fuera verdad su autodefensa (que no lo es), según la cual todos los rumores en torno al Vaticano serían solo calumnias infundadas, habría que preguntarse de dónde sale ese morboso interés por la homosexualidad. Si todos los curas fueran tan sanos y felices en su condición de célibes, ¿a qué vendría esa manía por tratar de desenmascarar a los gais? La gente con semejante obsesión, como mis ex colegas del Vaticano, necesitarían asistencia psicológica respecto de este punto candente. No son personas que puedan dar las directivas morales de una Iglesia que tiene fieles en todo el mundo. No pueden expresarse sobre las complejas cuestiones éticas de nuestro tiempo. Han reducido las apremiantes preguntas existenciales del presente a las sucias cháchoras de siempre, aniquilándolas.

Ya no tengo ni la más mínima duda. La santa inquisición, el santo oficio, la CDF, o sea la congregación para la doctrina de la fe: si la Iglesia aún desea salvar la propia imagen, debería cerrar de inmediato esta dulce representación del humano infierno sobre la tierra. Debería romper la lógica de las intimidaciones directas e indirectas, de las instigaciones al odio en defensa de la fe. El jefe del santo oficio debería presentar la dimisión y todas las competencias de su cargo deberían ser legítimamente restituidas al papa o distribuidas en el interior de un igualmente legítimo colegio de obispos. En el transcurso de los siglos la santa inquisición, una organización criminal, ha cambiado de nombre, pero no se ha cambiado a sí misma. Exactamente como bajo el comunismo u otros regímenes opresivos: se modificaban los nombres para demostrar al mundo las reformas, pero la dictadura continuaba siendo la misma.

En el fondo, la CDF es una especie de oficina de los servicios secretos. He vivido más de doce años en esa simpática y caótica sucursal católica del KGB: los alemanes la podrían comparar con la Stasi (*Ministerium für Staatssicherheit*, ministerio para la seguridad del Estado); los polacos más bien pensarían, en cambio, en la *Urząd Bezpieczeństwa* (oficina de seguridad comunista). Hoy creo que la CDF debería ser ilegalizada como ella misma ha ilegalizado durante siglos a los gais, las lesbianas y también, por razones distintas, a no pocos heterosexuales: esta congregación no tiene ningún derecho a interferir en la política de los estados democráticos y debería clausurarse. Pero sé que esto no ocurrirá.

El tiempo corría. En el pasado mi padre espiritual había profetizado: «En la congregación podrás permanecer diez años, ni un día más, porque enloquecerás, piensas demasiado para estar ahí dentro.» Ya habían pasado doce años, y aún estaba allí. Lloraba y reía, al mismo tiempo, por la apatía intelectual que había experimentado, convirtiéndome en cínico e indiferente. Oscar Wilde dijo que no existe otro pecado que la estupidez: por tanto, éramos pecadores. Mientras escribo estas páginas, me entero de que precisamente hoy ha muerto mi anciano padre espiritual y antes aún *Doktorvater* (director de la tesis de doctorado), el cardenal Becker. También yo moría «enfermándome de cinismo» en aquel manicomio para legalistas y formalistas que con el tiempo se me habían hecho insoportables. En los coloquios con mi padre espiritual nunca profundizamos en el tema de la homosexualidad; solo una vez me dijo una frase no del todo clara a propósito de un párroco gay, insinuándome la duda sobre su conocimiento del «club». Era curioso, este hombre fiel a la tradición, pero de todos modos capaz de pensar y de plantearse preguntas. A menudo comenzaba un discurso y luego lo dejaba en suspenso para que tú pudieras desarrollar su pensamiento para luego comprenderlo. Era un verdadero maestro. Conmigo insistía: «Usted tiene el deber de decir en la congregación que no se puede fingir que no existe el problema de los divorciados que han vuelto a casarse; debe decir a sus jefes que ya no se pueden proponer soluciones que no resuelven nada. Ya no es posible negar la realidad.» Aparentemente era un tradicionalista, pero en el fondo era un sano progresista. Sin embargo, en el santo oficio no había ninguna persona abierta a la que hubiera podido referir las «herejías» del viejo Becker (además, él mismo era asesor de la congregación y me preguntaba por qué no se expresaba él directamente).

En el santo oficio no me llegaron muchas propuestas sexuales. Solo un par de veces. Deseo recordar la primera. Quiero a ese cura inteligente (sí, también había curas inteligentes) que me parecía que se había enamorado de mí. No tardé en comprender que era homosexual porque, cuando venía a mi despacho, no perdía ocasión para acariciarme, tocarme de manera cada vez más explícita. Pero yo no veía en él más que a un amigo con quien hablar, reír y cenar. No buscaba sexo, ni aún menos estaba enamorado de él. Además, me molestaba su actitud en el despacho, porque no podía aceptar la confusión de ámbitos. No era mi estilo: el trabajo es trabajo, el sexo es sexo, el amor es amor, la amistad es amistad. Por otra parte, nosotros ni siquiera podíamos tener una vida privada. Recordaré siempre a aquel sacerdote como una de las personas más humanas y sensibles del santo oficio. No acepté sus *avances* y, al mismo tiempo, me disgustaba que no entendiera que podíamos ser amigos. Sufrí cuando, quizás ofendido por aquel rechazo, dejó de hablarme. Pero encontré insoportable que, después de un cierto tiempo, intentara de nuevo abordarme.

Quién sabe qué ocurrirá después de la lectura de estas páginas en aquel santo oficio que el papa no tiene la intención de cerrar. Me imagino una verdadera caza de brujas. ¿Quiénes son los otros gais en la santa inquisición, aparte del traidor, o sea yo? En una reunión secreta los superiores repasarán la lista, estudiarán las fotos para leer en una mirada la homosexualidad sospechosa. En el fondo deberían conocer el método infalible que utilizaban los nazis: obligaban a los muchachos sospechosos de ser gais a tener relaciones con prostitutas (y aquí me vuelve a la memoria una escena de la desgarradora película *Bent*, de 1997, con el tren que lleva a los homosexuales a un campo de concentración). ¿O quizás esos superiores pensarán que me lo he inventado todo para calumniar al santo oficio, lo más hermoso de la humanidad? Quien me conoce sabe que no tengo tanta fantasía, y lo que he visto en el santo oficio parece ciencia ficción disfrazada de aparente normalidad y seriedad. O tal vez esos superiores insinuarán que un *lobby* gay me ha lavado el cerebro, me ha pagado y me ha ofrecido un trabajo. Pero el único *lobby* que he conocido en mi vida es el católico, tanto homosexual como homófobo.

Así corría el *Annus Domini Nostri* 2014 (no 1514).

Lo había decidido: debía bajar de este tren que corría a toda velocidad contra la humanidad y contra el sano uso de la razón. El papa Francisco tenía un buen trabajo por delante para procurar salvar la imagen totalmente comprometida de la Iglesia, instaurando una excelente relación con la gente y con los medios. Pero en realidad ni siquiera él quería o podía cambiar demasiado. Sus intervenciones tenían la misma eficacia de una breve sesión matutina de maquillaje en un viejo rostro arrugado, el de la curia romana, maledicente y malvada. No se podía cambiar mucho en una mentalidad integrista aún profundamente arraigada.

El santo oficio, una realidad situada en el corazón de la Iglesia misma, es muy difícil de describir en pocas líneas. Pero lo consiguió, en una canción, la cantante y actriz española Alaska, de los Fangoria, un icono de la comunidad gay. Para mí fue una revelación. Cuando me convertí en fan suyo, en su criticar por criticar, me pareció ver de nuevo la cotidianidad de mi vida en la inquisición. Esta mujer debió de hacer al menos un año de prueba en el santo oficio. De otro modo, ¿cómo habría podido descubrir de qué manera funcionaba todo?

Alaska cantaba que la envidia es como un puñal y que la maledicencia se vuelve siempre en tu contra, así como «palabrería y obsesión producen muy mala impresión». Y continuaba —parecía una descripción de los funcionarios del santo oficio— diciendo que desperdiciaba el propio talento destruyendo a los otros, difundiendo mentiras y enmascarando la verdad. «Yo soy la santa inquisición», decía: por eso perdía el tiempo, llamaba la atención solo de unos pocos aburridos y, por una pizca de celebridad, no hacía más que criticar por criticar.

Antaño yo era la santa inquisición, por tanto, debía aprender a criticar por criticar, a silenciar a quien no debía hablar, a imponer autocontrol a las personas dotadas de pensamiento, a suscitar obsesivamente miedo, odio, tensión...

El esperma según el santo oficio

En este punto ya no quiero hablar de ese oficio y de sus obsesiones sobre la homosexualidad. Solo quiero hablar de esperma: de esperma, en el contexto heterosexual. El problema de la Iglesia no es solo la persecución de los homosexuales, sino también la de la sexualidad de toda la humanidad. Defendiendo los derechos de las minorías, se defienden los derechos de todos. A menudo pienso que los heridos por la Iglesia, antes aún que los gais, son los heterosexuales, los que son considerados sanos, en realidad igualmente humillados y ofendidos en su dignidad por la imposición de varios preceptos irreales.

Corría el *Annus Domini Nostri* 2014 (no 1714).

Tradicionalmente las primeras decisiones eran tomadas en las reuniones de los viernes, que llamábamos «congresos»: el primer fuego purificador preparado por los jóvenes oficiales de la inquisición.[35] Mis colegas competían por lla-

---

35. Me detengo en este primer nivel de los procesos inquisitoriales, sin adentrarme en las etapas sucesivas. Claro que habría mu-

mar la atención de los superiores sobre blancos fáciles y poco comprometidos, útiles, por tanto, para hacer carrera. El jefe de la oficina a veces se inventaba unos temas para que la reunión no fuera en vacío. Durante los encuentros cada uno luchaba para hacer pasar la propia propuesta de una dulce estocada, de una dulce denuncia, de una dulce ofensa. Cada uno de nuestros pasos adoptaba una especie de dulzura: querían imponer sentencias a menudo injustas o incompletas como si fueran caramelos que debían gustar a todos; pretendíamos que todos en el interior de la Iglesia convergieran sobre lo que pasaba por nuestras cabezas. Nosotros nos limitábamos a empujar con cautela al «cliente» al precipicio, insinuando su herejía, sin haber leído atentamente su libro o habiéndolo dado a leer a un fanático tradicionalista. Lo empujábamos hacia el abismo con una arbitraria pero cortés solicitud de que presentara artículos correctivos dentro del límite de tres meses, sin ninguna prórroga...[36] Destruíamos carreras y poníamos obstáculos a los nombramientos episcopales solo porque algún candidato no agradaba a nues-

---

cho que decir sobre las reuniones de los asesores y de los expertos de nuestra confianza y luego sobre las decisivas reuniones de los cardenales, que sancionaban todo aquello que luego era llevado por el prefecto al papa en las audiencias privadas. Aquí no voy más allá de los «congresos», donde por otra parte ya se resolvían de manera definitiva muchas cuestiones.

36. Uno de los instrumentos procedimentales más previsibles e inmediatos consistía en exigir de un teólogo o teóloga que escribiera un artículo en que —sin usar demasiado la razón— solo debía confirmar (preferiblemente con largas citas) cuanto imponía el magisterio de la Iglesia. Nunca considerábamos que para las personas pensantes debía de ser humillante que una oficina, a menudo sin haber demostrado los verdaderos errores del autor, le pidiera de manera apodíctica, como a un estudiante primerizo, que compusiera y publicara un texto en que manifestase su ciega sumisión a los dictámenes de la Iglesia. Así se mataban las ganas de pensar en la Iglesia.

tros muchachos. Total, nunca nadie sabría nada: todo era confidencial, secreto y reservado.

Un día del A. D. 2014 (no 1814) se presentó a la atención del congreso la carta de un médico urólogo del sur, un creyente sincero y equilibrado que pedía al santo oficio una opinión autorizada sobre un caso delicado. Contó que un hombre se había presentado ante él con su esposa, ambos deseosos de tener un hijo que no conseguían concebir a pesar de que usaban la correcta posición del misionero aprobada por la Iglesia. El médico sabía que había que analizar el esperma del hombre antes de emitir un diagnóstico e iniciar los eventuales tratamientos. Estos buenos creyentes, desde luego, nunca habían tomado en consideración la posibilidad de ese crimen que es para la Iglesia la fecundación *in vitro*, pero si hubiera habido algún otro tratamiento, no contrario a la fe, estaban dispuestos a someterse a él.

Aquí venía lo bueno de esta pareja rigurosamente heterosexual. Se debía examinar el esperma, pero para hacerlo era preciso obtenerlo fresco. Era necesario que el hombre se masturbara por la justa causa del examen clínico. Pero esto era considerado pecado. Lo sabía el paciente y lo sabía el médico, ambos rigurosamente devotos, católicos, del sur. Pero el médico, como persona razonable que era, se planteó una pregunta: dado que el objetivo era ayudar a un paciente, ¿por qué no examinar el semen de aquel marido virtuoso, pero presumiblemente estéril? El médico se había informado, había leído manuales de teología moral y contaba que había estudiado posibilidades alternativas para obtener el esperma sin pasar por la masturbación, pero que las había considerado honestamente inoportunas. Al mismo tiempo, en ningún caso quería inducir al pecado mortal de la masturbación a un paciente suyo, y exponerlo así a la posibilidad de acabar en el infierno si al salir de su consulta, por ejemplo, era embestido por un coche: sin haber podido leer los resultados del examen, habría terminado directamente en los brazos del demonio por esta única masturbación. El médico exponía también que en el pasado, para evitar ese crimen con otro paciente, había practicado el masaje prostático, pero el efecto había sido aún más inoportuno: había obtenido, sí, el líquido seminal para el análisis, pero tanto él como su paciente se habían sentido a disgusto, siendo en aquel punto dos masturbadores escindidos entre el placer alcanzado juntos en la consulta y la perspectiva del paraíso después de la muerte. En la carta el médico lo describía todo con pelos y señales, asegurando que ya nunca más pondría en práctica con nadie esa actividad demoníaca. Y ahora, al no saber qué hacer para obtener ese esperma, escribía para pedir el juicio resolutivo del santo oficio. A él le parecía que aquel paciente, en resumen, podría masturbarse rápidamente para hacer examinar el semen, curar su esterilidad y bautizar a un ejército de hijos. Era así de genuino e inocente...

Pero, por suerte, el santo oficio no baja nunca la guardia, no se conmueve, no se deja engañar. El caso fue resuelto por un prelado —rigorista como un jacobino— con irrefutable competencia, de manera rápida e indolora. El jefe de la oficina, un moralista o más bien un simpático policía de las conciencias, aplaudió. Tres cabezas cubiertas por solideos episcopales hicieron una señal de aprobación. Parecían adormecidos ante la proyección de un horror psicológico, pero votaron sin reaccionar. El procurador sentenció que todo había sido valorado según la ley. El subsecretario —habiendo interrumpido la propia sesión de yoga (oficialmente vetado o al menos negativamente estigmatizado por un documento ambiguo del santo oficio para las pobres almas del exterior, pero permitido allí dentro)—juzgó que la solución era sana y eternamente verdadera. La respuesta así formulada serviría como modelo en el futuro en caso de preguntas similares. De este modo, se ratificó la moción del prelado rigorista, sospechoso de tener problemas con la propia sexualidad. La propuesta fue aceptada. El caso quedó resuelto para siempre o al menos hasta el próximo siglo, cuando el archivo arda o sea ocultado y se pueda decir, en el nuevo contexto de los tiempos y en la profundización realizada por el oficio, exactamente lo contrario.

Pero en aquel momento reinaba la doctrina segura. El caso fue analizado hasta en sus más mínimos detalles. Se citaban todos los documentos infalibles del santo oficio que en el pasado habían condenado cualquier movimiento de la mano masculina hacia el propio pene, excepto bajo la ducha, y en ese caso debía ser rápido y sin dirigir la mirada hacia abajo. El acto masturbador conducía a la inexorable clausura de las puertas del paraíso y a la apertura de las flamígeras puertas del infierno. Cada hombre que se hubiera masturbado sin haber luego confiado el propio crimen sería condenado a la perdición eterna. En el santo oficio nadie, por suerte, sabía que incluso muchas parejas heterosexuales no pocas veces se dan placer recíprocamente, reforzando así el propio amor: la esposa masturba al marido en un acto sexual de notable disfrute para ambos. En las normales y felices familias católicas, en cambio, el pene solo entra en la vagina, y luego a dormir; y obviamente no dispersa el esperma ni siquiera para los exámenes médicos.

El prelado encargado de la resolución del caso —que se jactaba también de ser un científico diligente, conocedor de la psicología dentro de los límites de la ortodoxia católica, aunque... se obstinaba en la búsqueda de las rarezas más extremas en internet— recordó, además, a todos los presentes la doctrina sobre la práctica obscena de la masturbación solitaria. Por tanto, añadió algunos datos que helaban la sangre en las venas y ponían en guardia a los presentes: como la «ciencia» demuestra, la masturbación conduce indudablemente a graves problemas psicológicos. En aquel punto estaba claro para todos nosotros el efectivo riesgo para el pobre católico del sur, que incautamente se había dirigido al santo oficio. Él, masturbándose en aquella consulta médica, tal vez habría podido curarse de la esterilidad gracias a los tratamientos emprendidos después de aquel diabólico examen del semen, aunque el acto se hubiera ejecutado sin querer obtener ningún placer sexual. Pero, por más que hubiera conseguido tener un hijo, habría acabado en un hospital psiquiátrico, como demostraban las «ciencias» católicas, puntualmente citadas, sobre las consecuencias de aquel tipo de actos horripilantes. Había que defender, pues, a aquel hombre justo y a toda la humanidad no solo del pecado y de la pérdida de la salvación eterna, sino también de una temible enfermedad psíquica.

El santo oficio respondió al médico con un absoluto, pero igualmente claro y salvador «No». No es posible masturbarse para obtener esperma para tratamientos sanitarios. No se puede pensar que el fin de aquel acto no sea la obtención de un placer solitario «contra natura», no se puede pensar que solo se trata de un examen médico. Lo sentimos, no se puede. Es más: no lo sentimos en absoluto, no se puede y basta.

Absurdos semejantes estaban a la orden del día, sin tener en cuenta que tocaban el frágil tejido de las vidas humanas, de la fe y de la búsqueda de la felicidad. Invadían la intimidad de las personas, las sometían a distinciones formalistas e ideológicas, produciendo un clima inhumano. No se preocupaban ni siquiera de que ciertos problemas requerían profundos estudios, que los avances de las ciencias médicas exigían una nueva atención. A menudo no pedíamos ni siquiera una opinión a expertos de nuestra confianza (cosa que, de todos modos, no habría servido de gran cosa). Lo sabíamos todo nosotros, éramos capaces de intimidar a los demás con nuestros dogmatismos violentos e incompetentes.

No me escandalizo en particular por aquella respuesta negativa, me escandalizo de que los problemas humanos, especialmente en el campo moral, fueran resueltos, sin ninguna sensibilidad y compasión, por dos o tres oportunistas, no siempre libres de complejos diversos, pero capaces de entrever por doquier el «contra natura» de los otros. Me escandalizo de que esta oficina no emprendiera ningún estudio serio, no leyera nada, no se informara, pensando que lo sabía todo: sobre la sexualidad humana lo sabía todo por los siglos de los siglos... ¿Con qué presunción esta Iglesia se permitía imponer las propias recetas a las sociedades, a las naciones, a los estados y a cada uno de los creyentes?

Hoy diría más sensatamente que estas son medidas puestas en práctica por una hábil organización confesional que debería someterse a las leyes internacionales del mundo civilizado. Estas son acciones contra la salud pública y la felicidad de inocentes que se fían de su Iglesia. Intimidar a los individuos de este modo, suscitar miedos y vetos irracionales, significa sembrar terror. Estos monstruos no tienen el derecho de pensar que un día podrán decir «nos disculpamos», que podrán justificarse de «pequeños» errores del pasado y exageraciones escudándose en el diferente contexto histórico. La Iglesia nunca podrá ser absuelta por los monstruos que ella misma produce, tolera y cultiva. Esta Iglesia ya no es perdonable: solo debe urgentemente convertirse al respeto de lo que es naturalmente humano.

En realidad he asistido varias veces a puntualizaciones y a desmentidos por parte de aquella oficina, siempre rigurosamente internos y confidenciales. La desarmante respuesta *ad intra*, cuando se nos demostraba que habíamos dicho una tontería, era: «Quizás hayamos exagerado un poco.» Exagerado con la fe de los creyentes, con medidas desproporcionadas, con juicios falsos defendidos como infalibles. No importaba que el sacerdote golpeado por la irracionalidad de nuestras pretensiones hubiera dejado el ministerio como resultado de ellas. No importaba que a los «clientes» les hubiéramos procurado injustas penas del infierno. No importaba que hubiéramos contribuido a que alguien perdiera la fe. Quizá solo habíamos exagerado un poco... En uno de los últimos congresos, por solicitud del papa Francisco, planteé como ponente la hipótesis de admitir un error de la congregación. Era una valiente propuesta mía, que fue rechazada por el monseñor subsecretario con un simple: «El santo oficio no se disculpa nunca. No debemos admitir públicamente nuestros errores. Y, además, con los tiempos que corren bajo el actual pontificado...»

Estábamos bloqueados, mientras el fascinante desarrollo de la realidad del mundo exigía perentoriamente que, con valor, actualizáramos nuestras ideas anticuadas.

Una universidad, es más, dos

Por suerte tenía cargos en la universidad.

De no haber contado con este espacio de discusión, creo que habría «muerto intelectualmente» mucho antes, en el absurdo de la inquisición. La universidad me ofrecía al menos la impresión, o la ilusión, de poder reflexionar y discutir, de tener cierta libertad de crítica. Al menos aquí podía preguntar, razonar e incluso permitirme el lujo de no encontrar respuestas, o simplemente de no darlas, dejando los interrogantes abiertos.

La mayoría de las veces también en aquel ámbito me limitaba a sostener unas tesis que debían reforzar en la doctrina a mis estudiantes y en parte a mí mismo. En realidad, también allí la libertad era una ilusión. En la universidad me sentía a menudo en la condición que Tom Ford pintó en su magistral película *Un hombre soltero*.[37] Cada maña-

37. De la novela homónima de Christopher Isherwood (1964), *A Single Man* (2009) de Tom Ford es una obra maestra cinematográfica que plasma a la perfección el sentimiento gay.

na necesitaba más tiempo para convertirme en aquel profesor que todos esperaban que fuese, para ponerme la máscara que escondía mi inseguridad y mi sufrimiento interior. George Falconer, el «hombre soltero», era, si no mi ídolo, al menos el símbolo de mis indecibles angustias. Hasta me compré unas gafas negras estilo años sesenta como las que él llevaba en la película. Al igual que él, también yo estaba escondido en mi *college* universitario.

He enseñado en dos universidades muy distintas entre sí. La primera era la nueva universidad romana fundada por los Legionarios de Cristo. Recuerdo cuando comenzaron finalmente a salir a la luz las orientaciones, pero también los crímenes sexuales del «santo» fundador, que aún estaba vivo. Siempre había habido sospechas, pero nunca habría imaginado que asistiría a semejante terremoto. Era una universidad llena de muchachos latinoamericanos. El español era la primera lengua, y la homofobia, la segunda. Esta tenía la función de una capa impermeable que debía salvaguardar a todos de pensar, preguntar, sentir. «Obediencia perfecta...» Por mis alumnos albergaba simpatía unida a compasión por su ingenuidad, que los hacía fácilmente manipulables. Por desgracia, de este modo se corría el riesgo de crear un ejército de títeres verdaderamente malvados. En los primeros tiempos todos los novicios se cubrían el cabello con gel porque —creo yo— así agradaba al fundador. Y no se podían discutir los gustos de un viejo maricón autoritario.

Siempre me he tomado muy en serio la universidad. Cada año tenía nuevos cursos, de forma que en mis discursos posmeridianos (corría a la «uni» solo después de haber terminado el trabajo en la congregación) llegué a tocar un buen número de materias. Pero en ninguno de ellos conseguí decir todo lo que habría querido.

La segunda universidad en que he enseñado, la Gregoriana, es la más antigua entre las pontificias de Roma y es la escuela donde también yo había discutido mi doctorado. Aquí mis estudiantes eran principalmente europeos, con algunos asiáticos y algunos africanos para asegurar el pluralismo. Y, sobre todo, podía aventurar algunas preguntas más y, en los últimos tiempos, pronunciar también algunas palabras fuera del coro, estimulando la curiosidad de los jóvenes sobre aquello que decía un representante de la inquisición. A veces suscitaba también sospechas acerca de mi ortodoxia, pero no me resultaba difícil defenderme diciendo que se me había malinterpretado. En el santo oficio lo que contaba era la acusación, no tanto lo que se puede decir después. Un astuto funcionario polaco me tomaba el pelo preguntándose por qué publicaba tantos artículos y daba tantos cursos. ¡Alguien habría podido no estar de acuerdo con lo que escribía, habría podido encontrar errores y destruir mi carrera! Era una observación mezquina, pero muy fiel a la realidad: me había impresionado. Sin embargo, era feliz de trabajar en la universidad, de publicar y de correr el riesgo de exponerme.

En un par de ocasiones tuve que explicarme largamente ante un colega del santo oficio para convencerlo de mi ortodoxia, porque alguien le había señalado mis divagaciones en el seminario, donde era prefecto de los estudios. También sucedía esto. Un devoto seminarista había llamado a aquel oficial de la CDF para denunciar el hecho de que me negara a estar de rodillas durante todo el tiempo de la misa. Hay muchos católicos que durante el rito permanecen ininterrumpidamente en esa posición. Y yo, en efecto, era contrario a esta exageración. Compartía las reformas de la liturgia de la Iglesia, sancionadas en el último Concilio Vaticano. Pero aquellas mismas novedades no eran harina del costal del santo oficio, y por tanto no tuve otra elección que tranquilizar a mi colega explicándole que el estudiante no había entendido bien lo que había dicho.

Siempre he amado la universidad, aunque era un gran compromiso, con muchas horas de enseñanza, que se añadía al cargo en la CDF, donde —a diferencia de muchos colegas— trabajaba muchísimo. Pero en el fondo era un entrenamiento decisivo para mí. Me había formado durante años en la cátedra universitaria. Vivía con alegría increíble cada nueva publicación mía. Y, en el futuro, espero poder encontrar de nuevo un espacio en la universidad...

Sin tener que esconderme.

Benedicto, Francisco y los sínodos desperdiciados

La Iglesia católica no es en absoluto sinodal.

No es una Iglesia en la que se discuta, es más, discutir se desaconseja por tu bien, por tu paz y por tu comodidad (y no se trata de comodidad intelectual). El papa Francisco ha intentado modificar al menos exteriormente las cosas convocando sus sínodos. En cierto sentido, yo esperaba que también la Iglesia saliera del armario, declarando abiertamente quién era. El obstruccionismo por parte de las jerarquías ha sido fortísimo, pero el mero hecho de que el pontífice, en un sistema totalitario como el de la Iglesia, se haya permitido decir algo fuera del coro, ya representa un cambio de época.

Todo empezó el 11 de febrero de 2013. Estaba en París, delante de Notre Dame, con mi prometido, cuando él recibió un SMS de parte de una amiga suya: «*Eduard, el cap del teu noi ha dimitit. Espero que això no us destorbi el cap de setmana*.»³⁸ Me anunciaron así, en catalán, la primera dimisión de un papa católico en la era moderna. Benedicto había leído las pocas líneas en latín que habían de cambiar para siempre tanto a la Iglesia como su percepción del mundo. Corrimos al bar más cercano para oír las noticias del terremoto que llegaban de Roma. Toda la ciudad ya estaba llena de las imágenes del fin del poder de Ratzinger. Una curiosa instantánea de un momento que marcaba una época: un cura en París, a su lado un novio prohibido, un papa dimisionario y una amiga que da la noticia en catalán.

Creo que en aquel preciso instante decidí dejar la Iglesia. Solo debía encontrar el valor de hacerlo. Por eso sufría cuando Eduard me decía que aún no estaba listo para la salida del armario, para el *sortir du placard*, para la salida a la luz del sol... Quería gritarle, con las palabras de García Lorca: «Deja el duro marfil de mi cabeza, / apiádate de mí, ¡rompe mi duelo!, / ¡que soy amor, que soy naturaleza!»³⁹ Él me repetía como una letanía «¡Debes sentirte preparado!», luego con las palabras del gran escritor polaco Ryszard Kapuściński, añadía que solo cuando el hombre del pueblo deja de sentir miedo, empieza la revolución.⁴⁰

---

38. «Eduard, el jefe de tu chico ha dimitido. Espero que esto no os estropee el fin de semana.»
39. Federico García Lorca, *Sonetos del amor oscuro*, Lumen, 2010.
40. Cfr. *El Sha o la desmesura del poder*, Editorial Anagrama, 2007. Kapuściński decía: «Es siempre el poder el que provoca la revolución. Desde luego, no a propósito. Sin embargo, su estilo de vida y de gobierno acaba por convertirse en una verdadera provocación. Esto ocurre cuando entre los personajes de la elite se instauran el sentimiento de impunidad y la convicción de poder hacer cualquier cosa, de poder permitírselo todo. Es una ilusión, desde luego, pero no carente de justificaciones racionales. Durante mucho tiempo parece realmente que los miembros de la elite pueden hacer lo que se les antoje: por más

Tenía razón: aún no estaba preparado. Debía superar el miedo, pero temía permanecer en este estado toda la vida, aterrorizado ante la idea de perder el trabajo y no encontrar otro. Solo sabía hacer de cura... Pero, para mi sorpresa, descubrí que en realidad no necesitaba mucho tiempo. No estaba esclavizado hasta el punto de no conseguir evadirme de aquella situación hacia la libertad.

Benedicto había presentado la dimisión. Esto reforzaba mi decisión. Sentía que la Iglesia ya no sería la misma, que solo podía cambiar a mejor. Pero también experimentaba un intenso deseo de liberarme de ella: el cambio que se anunciaba no podía ser tan radical como para contentar a un homosexual creyente. También sentía que, si Ratzinger había tenido el valor de poner en su contra a toda la Iglesia y dimitir, realizando así su propio acto de denuncia, si había conseguido hacerlo un papa, debía hacerlo yo también: presentaría la dimisión, haría mi denuncia, recuperaría mi libertad.

---

escándalos e ilegalidades que cometan, se van siempre de rositas. El pueblo tiene paciencia y calla: aún no se ha quitado de encima el miedo, no se da cuenta de su propia fuerza. Pero, al mismo tiempo, tiene minuciosamente presentes las afrentas sufridas: ajustará las cuentas en el momento debido. La elección de este famoso momento es uno de los máximos enigmas de la historia. ¿Por qué precisamente ese día y no otro? ¿Por qué ese elemento desencadenante y no otro? Hasta la víspera el poder se permitía los excesos más extremos sin que nadie dijera ni pío. "¿Y hoy qué habré hecho —se pregunta, sorprendido, el soberano— para que se hayan cabreado de golpe?" ¿Qué ha hecho? Ha abusado de la paciencia del pueblo.» Para mi revolución personal contra el poder debía encontrar ese momento de la victoria sobre el miedo con «una mirada desconfiada, todavía ligeramente veteada de miedo, pero ya dura e implacable».

En realidad, me entristezco profundamente al pensar en el pontificado de Benedicto, que fue uno de los momentos más sombríos para la Iglesia, en que la homofobia representaba el constante y desesperado intento de esconder la existencia misma de la homosexualidad entre nosotros. En 2008, el rechazo por parte del Vaticano de adherirse al llamamiento de la ONU para la despenalización universal de la homosexualidad continúa siendo una de las mayores vergüenzas de la Iglesia moderna, pero pasó inadvertido. La Iglesia no podía, desde luego, luchar por la despenalización de la homosexualidad, cuando ella misma la condenaba violentamente. Después de todo, parecía ridícula la declaración de monseñor Paglia, «ministro» vaticano de la familia, que recomendaba que los homosexuales no fueran perseguidos en los países de liderazgo religioso, donde aún hoy rigen medidas represivas o incluso la pena de muerte para los gais. El santo oficio temblaba ante estas herejías, pero, al mismo tiempo, estas hipócritas declaraciones obtenían su efecto: ya nadie pensaba en el rechazo a adherirse al llamamiento de la ONU, sino que todos recordaban en cambio a la Iglesia empeñada en defender a aquel chico musulmán desnudado en público, violado y, por último, asesinado, para que fuera liberado del demonio, o creían que se preocupaba por las muchachas lesbianas violadas en público para corregir sus tendencias, o que se angustiaba por los suicidios de los latinoamericanos, cuya vida había sido destruida por el odio de unas bestias que se definían católicas.

Nunca podré perdonar a Benedicto su discurso técnicamente perfecto de la Navidad de 2012, cuando, ya consciente de que se encontraba en la vigilia de la dimisión, leyó una especie de testamento. En aquella ocasión, el papa citó largamente a un rabino francés contra... los matrimonios homosexuales. ¿Cómo habría podido concluir mejor? Como buen teólogo alemán, mataba dos pájaros de un tiro. Reconocía nuestra común raíz con los judíos, en cuanto ya no éramos antisemitas, y al mismo tiempo nos afirmábamos juntos como hermanos homófobos. Ese vergonzoso discurso era la coronación de un pontificado iluminador sobre la figura de Jesús (había escrito tres libros sobre él) y retrógrado, odioso y hostil para con los homosexuales (no había perdido ocasión de estigmatizarlos). Me parecía oír el sermón de un fanático pastor de alguna secta protestante. Se habría podido añadir, al testamento de Benedicto, alguna otra cita homofóbica de aquellos extremistas radicales, para mostrar también la reconciliación con las otras confesiones cristianas. Habrían sido tres pájaros de un tiro, pero nadie es perfecto...

Benedicto sostenía esta oleada de odio católico y ya en 2007 había obtenido el primer puesto en la «Galería de la vergüenza» redactada por Human Rights Watch, dedicada a quienes habían usado su autoridad para debilitar o negar derechos humanos básicos. En la explicación se recogía la peculiar genialidad del líder vencedor: «El papa ha ido mucho más allá de la expresión de las opiniones teológicas de la Iglesia sobre la homosexualidad.» Es verdad: Ratzinger sabía explicar, y llevar a la exasperación, el odio hacia los homosexuales. Pero hoy, al pensar en los años en que fue papa, me viene a la memoria —paradójicamente— uno de los pontificados más gais de la historia moderna, un período en que se resucitó el escenario gay de la Roma barroca, con sus zapatos rojos, la coreografía de las procesiones, las cabezas cubiertas de solideos tanto en invierno como en verano, con las coronitas gais, los encajes gais y las orlas gais que salían de todas partes. Como dijo uno de los maestros de ceremonias pontificios: ¡dentro de poco todos tendremos que llevar calzoncillos de puntillas! Quizá nadie lo sepa, pero en la moda gay están en boga unos bellos calzoncillos con la coronita: son sexis y se adaptan muy bien a un cuerpo masculino esculpido.

El pontificado de Benedicto resucitó la estética gay de antaño, que a mí personalmente ya no me gusta. Hoy prefiero la otra escuela de la moda gay, caracterizada por formas simples y esenciales, más moderna. A mí el estilo de Benedicto XVI no me agradaba, pero mis amigos homosexuales de más edad estaban sencillamente extasiados, porque la Iglesia, finalmente, retomaba aquel teatro barroco de las identidades inciertas, misteriosas y huidizas. Volvía a un mundo y a una época que ya no existía ni siquiera en gran parte de la comunidad gay. Pero la Iglesia siempre llega con retraso.

Se recuperaba la Roma de Fellini, el desfile de hombres disfrazados con sombreros, gorras y largos vestidos para nobles y respetables señoras (¿qué señoras? ¡Más bien verdaderas reinas! ¡Nuestras reinonas gais!). No es, como decía, mi estilo predilecto, a pesar de que aprecio la diversidad. Por eso me gustaba asistir a los espectáculos de los amigos travestidos, verdaderos artistas de la identidad, y ahora la Iglesia se adornaba con este mismo arte. En efecto, la rica y articulada moda gay, excéntrica y provocativa, el gusto de Jean-Paul Gaultier y de otros, no dista mucho del escenario cristiano barroco. Me percaté de ello con ocasión de una fantástica muestra en la Kunsthalle de Zúrich, cuando comprendí que los conciertos de Madonna, de Lady Gaga o de Conchita Wurst, las modernas «filósofas» de la música, son una preciosa y nueva propuesta del barroco cristiano, de sus tensiones escondidas y de sus deseos indecibles. Sin embargo, hay quien en el mundo cristiano sigue poniendo denuncias contra los espléndidos bailarines de Madonna con tacones altos, sin recordar que esos mismos tacones los han llevado durante siglos los católicos. Basta mirar los lienzos que representan a los nobles cristianos del siglo XVII en algún centro de arte (yo los he visto últimamente en el museo de Grenoble). Pero entonces no necesitaba ir a museos: observaba la corte de Benedicto sumida en el aire misterioso e impregnado de incienso de un imaginario rigurosamente gay.

Roma retomaba felizmente su modo de vivir la homosexualidad, escondida y enigmática, que exigía mucho dinero y, por tanto, estaba reservada a los ricos y negada a los pobres. También por eso era tan odiada, en especial por los jóvenes homosexuales perseguidos, excluidos y a veces explotados (salvo cuando un muchacho espabilado conseguía entrar en el Vaticano dejándose conquistar por un monseñor deseoso de su belleza y registró con una cámara oculta aquel sagrado encuentro para luego compartir el disfrute con la opinión pública...). En los salones se murmuraba a menudo sobre aquella princesa (tan cercana al guapo secretario del papa) que al parecer compartía techo con una compañera tan rica y guapa como una diosa.

Roma podía, finalmente, vivir la unidad del poder italiano con el altar Vaticano. Así, con la mediación de un corista de la capilla musical vaticana, tenor de piel totalmente negra, se dice que un político italiano elegía a sus amantes garantizando que no era en absoluto pedófilo, que le gustaban los hombres maduros. Pero claro, incluso si fuera verdad, querido alto dirigente público y caballero nuestro fidelísimo, ¡nunca lo habríamos dudado! Y, además, nosotros lo admiramos porque, de todos modos, todo ocurría en el respeto de nuestra moral: el sexo en la fusión de dos cuerpos masculinos se hace en el silencio de la propia casa, para luego luchar todos juntos contra las mismas personas con las que hemos estado en la cama, contra quien perturba nuestro estilo de vida, contra quien pide un reconocimiento de derechos a los homosexuales y las lesbianas. ¿No pensaréis que la Roma de los papas niega esos mismos derechos en el secreto de las propias estancias? Pese a ello, es preciso que, al mismo tiempo, «proteja» al pueblo sometido impidiendo leyes civiles. Y, por otra parte —sobre esto la Iglesia nunca ha tenido dudas—, los italianos deben pagar un precio por tener el Vaticano en casa: de ello obtienen notables ingresos de los peregrinos y de las embajadas, a cambio de que los homosexuales queden al menos fuera de la ley. Pero en realidad también las personas heterosexuales pagan un precio al poder de la Iglesia si se permiten enamorarse al tiempo que sobrellevan un matrimonio sin amor, o si quieren tener un hijo valiéndose de la ayuda de la medicina por problemas de fertilidad. Un precio que pagan con su vida.

He aquí la Roma de los nobles y de los eclesiásticos, de los pomposos poseedores de títulos o de medallas pontificias, tan devotos como activos sexualmente en diversas camas. Su hipocresía se manifiesta en la repugnancia que exhiben hacia esos gais pobres e ignorantes que se besan bajo el Coliseo, donde está el más mísero barrio gay de Europa, con un pequeño bar y una tiendecita. La vida homosexual en Italia —a la sombra de la cúpula de San Pedro— no se desarrolla en la calle, a la luz del sol, sino en los salones de la Roma pontificia.

En un momento dado, a la Iglesia se le ocurrió dar una señal política de amor hacia los gitanos, muchos de los cuales, no todos, viven robando a otros pobres, aquellos que cogen cada día el transporte público. El cardenal vicario del papa condenó nada menos que dos veces, a la velocidad de la luz, a quien había golpeado a un gitano y a quien había molestado a una gitana. Los señores de los palacios mostraron su aquiescencia con mirada misericordiosa... Lástima que en los mismos días, siempre cerca del Coliseo, fue agredida una pareja de homosexuales a la que unos buenos muchachos católicos pretendían corregir. En ese caso los señores de los palacios eclesiásticos callaron. En el fondo, nuestros jóvenes son un poco brutos, pero al menos son sanos, y como buenos católicos si violaran a una muchacha solo lo harían para disponerse a ser buenos padres de familias patriarcales. Esta es la parte sana de la sociedad italiana y debemos dejar que corrija la peste de los muchachos gais (total no son muchos y será fácil intimidarlos). El pontificado más gay de la historia moderna volaba feliz, asegurando la moral a Italia y no solo a Italia, resucitando los más perversos monstruos del tradicionalismo católico, intransigentes y ridículos al mismo tiempo, favoreciendo las formas más extremas del odio homófobo. El pontificado más gay de la historia moderna generaba monstruos. El pontificado más gay de la historia moderna avanzaba a toda vela, se vestía y se disfrazaba.

¡Un disfraz perfecto! Pero era como si en ese escenario faltase algo: un anuncio artístico o un ballet masculino (habría sido perfecta una *première* de Roberto Bolle, que figuraba solamente en las páginas publicitarias del *L'Osservatore Romano*, ¡el periódico del papa que informaba puntualmente a los lectores con dos días de retraso! En aquel período se exhibía el *San Juan Bautista* de Leonardo da Vinci, que llegaba por primera vez a Roma en 2010. Esa pintura podría ser el manifiesto de una masculinidad homosexual efímera y nostálgica. El papa fue a admirarlo: se demoró delante de aquel chiquillo sensual y quién sabe cuáles fueron sus pensamientos... Pero nosotros lo sabemos: era sencillamente el Juan Bautista de Leonardo, con aquel dedo exageradamente largo con que señalaba al Salvador. Todos estamos enamorados de los grandes, de Leonardo, de Miguel Ángel y de Caravaggio. Como nos gustan también Julien Green y Thomas Mann, Arthur Rimbaud y Paul Verlaine y la *Patética* de Chaikovski. Aunque personalmente me conmuevo hasta las lágrimas cuando la Wally de Alfredo Catalani canta en el primer acto «¿Y bien? Me iré lejos», y no solo cuando lo interpreta Maria Callas. El arte puede llevar al éxtasis.

Pero aún faltaba algo antes de la dimisión. Faltaba el ballet, masculino y sensual. Y tampoco faltó. Era un bonito miércoles, en medio de una semana cualquiera, en el aula Pablo VI. Un grupo de bailarines acrobáticos, con una fantástica gracia totalmente homosexual, se acercó al trono del papa. Una muchacha recogió sus chaquetas dejándolos con el torso desnudo, sudados por la exhibición. En un rincón, detrás del papa, los monseñores en sus hábitos talares, con sus fajas rosas o rojas, los ojos fijos y los corazones latiendo con fuerza por su refinada sensibilidad hacia todas las artes. En YouTube se puede ver aquel momento divino, registrado en beneficio de las generaciones futuras. Los artistas, generosamente desvestidos para deslumbrar con su musculatura perfecta, se abrazaban en las acrobacias de una danza masculina de las más exquisitas. Los ojos de la Iglesia estaban perdidos en aquellos movimientos, acogían la belleza masculina, experimentando sed y nostalgia de lo indecible.

Eran los mismos muchachos que, con el mismo programa y con enorme éxito, se habían exhibido aquel año durante el Gay Pride de Barcelona. El aula Pablo VI estalló en aplausos. Idealmente se estaba delineando un puente entre una de las ciudades más libres y tolerantes de la lejana Cataluña y la noble Roma del papa Benedicto. Los monseñores estaban tan eufóricos que apenas podían contenerse de gritar: ¡Somos todos gais y nos encanta serlo! Lástima que los gais italianos y polacos se vieran obligados a coger un avión para respirar aires de libertad en Barcelona. Sin embargo, en aquel momento, el Vaticano estaba inmerso en la fiesta más gay del año.

Me viene a la memoria el chiste de un querido amigo. Cuando critico en su presencia a la Iglesia por el ciego odio hacia los homosexuales, él con cara seria me dice: «¿Cómo te permites criticar a la más vieja organización homosexual del mundo? ¡No existe ninguna otra asociación gay que pueda jactarse de tener más de dos mil años de historia!» Y tiene razón: habría que denunciar por homofobia a todos los que se permiten criticar a la Iglesia, el paradigma mismo del asociacionismo gay, el modelo de «libertad» del amor que no se atreve a pronunciar su nombre. Es una libertad por la cual gais y lesbianas están luchando desde hace décadas, la misma que, gracias a Dios, van conquistando en tantos países. Mientras, según parece, toda esa libertad tiene su modelo en la Iglesia, pero solo entre bastidores (el tabú impuesto mata la luz para no ver, pero no mata la realidad, solo la esconde...).

Bromas aparte..., la Iglesia había alcanzado el culmen del absurdo. Ya no podía permitirse continuar infundiendo odio sin razón. Ya no tenía derecho a concederse más retrasos seculares, pero la ciega homofobia está demasiado arraigada en el pueblo católico como para que pueda diluirse en una generación. Por eso, a la sombra de Notre Dame, después de haber recibido el SMS de la amiga catalana, di un nuevo paso hacia la salida del armario. El pontificado más gay de la modernidad estaba a punto de acabar. La Roma barroca no sabía qué le esperaba.

Con Benedicto XVI se iba un genio del intelecto, de maneras discretas, amante de la música, delicado, muy tímido, escondido en sus libros, fiel amigo de Hesse durante toda la vida, con ese aire nostálgico en los ojos perdidos pero fijos en ti. Un gran hombre, uno de los más profundos pensadores de la Iglesia, pero que no había podido controlar la propia homofobia, quizá debido a la generación a la que pertenecía y de la que no conseguía distanciarse, pero acaso también por otras razones. Para mí Benedicto será siempre un ídolo, aunque marcado por la tristeza de aquellas palabras que habría podido evitar. El pontificado más gay de la historia moderna concluía cogiendo el último vuelo en helicóptero hacia Castel Gandolfo y desapareciendo entre las nubes.

La sede de la opresión homófoba estaba vacante. Los cardenales entrarían de nuevo en la Capilla Sixtina. Los más devotos o hipócritas bajarían los ojos para no ver los besos homosexuales de Miguel Ángel, mientras que los más valientes, curiosos o simplemente gais, buscarían discretamente —afligidos acaso por los ojos que ya no veían bien— aquellos labios masculinos que se acercan al placer divino del beso. En este juego de misterios había que elegir al nuevo papa. ¿Será heterosexual, será homosexual? Según algunos, la historia reciente nos había llevado casi a una alternancia: uno gay, uno hetero. No importa de quién sería el turno, lo importante era que la Iglesia cambiara. Pero lo que no cambiará nunca es el eje de su poder: los homosexuales estarán siempre entre sus mejores ministros. Efectivamente, la Iglesia ya no era la misma. El milagro de Francisco imprimió una aceleración y una esperanza: la esperanza de que la Iglesia no acabe ahogándonos, que no destruya los días de nuestra vida con un continuo martilleo contra los gais y las lesbianas. La esperanza de que al menos modere un poco la lengua con que gobernará este mundo. Moderar no sería fácil teniendo en cuenta todos los demonios católicos que había despertado en todo el mundo el pontificado anterior, con la razón adormecida mientras se volvían a atizar los monstruos como en el aguafuerte de Francisco de Goya del lejano 1797 «El sueño de la razón produce monstruos...».

Pero la esperanza era más poderosa, y también estaba el cansancio por la presión moralizante sufrida desde hacía tanto tiempo. Y no pienso solo en los gais y las lesbianas, sino en hombres y mujeres heterosexuales que ya no toleraban la torpeza de la Iglesia. Estaba la esperanza, quizás un poco irracional, quizá desesperada, pero aún estaba...

El papa convocó el sínodo, es más, convocó dos.

La Iglesia se encontraba en un callejón sin salida: el progreso de la civilización occidental denunciaba cada vez más abiertamente su incapacidad para leer los signos de los tiempos.[41] O al menos para leer algún manual de sexología o de psicología, obviamente no escritos por «expertos católicos» (¡como si la veracidad de las ciencias los necesitara! Por desgracia, nos enfrentábamos solo con las ciencias «mancas» porque habían pasado por su control). La Iglesia estaba paralizada, incapaz de confrontarse con la ciencia. Una ciencia que ya no concernía a Copérnico y el lugar de la Tierra en el universo; ni a Darwin y el proceso de evolución. Ahora la cuestión era mucho más importante: no se refería al espacio ni al desarrollo evolutivo, sino a la existencia humana en su más profunda intimidad: la vida sexual, familiar, emocional, sentimental y amorosa, o simplemente de relación sin más adjetivos. También sobre esto la Iglesia sufría un retraso de cientos de años y sus errores en ese campo afligen a las personas infinitamente más de cuanto hayan hecho las antiguas persecuciones o los descubrimientos de Copérnico o de Darwin. En este punto la ciencia remediaba los propios errores para con los gais y las lesbianas. Las leyes rehabilitaban a los homosexuales, pero la Iglesia se endurecía contra ellos. Del mismo modo, la medicina empezaba a ayudar a las personas infértiles que deseaban tener hijos. Las ciencias humanas nos convencían de que la sexualidad está en la mente y no solo en los órganos reproductivos. La cirugía ayudaba a liberar de sufrimientos atroces a las personas transexuales, mientras que la Iglesia permanecía encerrada en su ridículo dogmatismo y no sabía cómo salir de él sin quedar desautorizada.

---

41. Esos «signos de los tiempos» que la Iglesia misma prometía comprender y seguir en el Concilio Vaticano II, cfr. *Gaudium et spes*, 4 y 44.

Francisco convocó los sínodos que debían intentar rebajar el tono del odioso lenguaje católico, que ya era insoportable. Había que hacerlo de tal modo que no provocara un cisma, sin perder demasiados fieles. Quizá se perderían tantos como en el tiempo del Concilio Vaticano II, cuando se habían disociado los lefebvrianos; eran un grupito vergonzosamente rico pero en realidad insignificante, y con un nivel intelectual deplorable. Un grupo de ridículos tradicionalistas cuya pérdida no había que lamentar. Lo que contaba, en cambio, era cambiar mentalidades para abrir la Iglesia a todas las personas excluidas, discriminadas y perseguidas por la Iglesia misma.

Francisco comenzó un camino sinodal más cojo que audaz. En Argentina había dicho que sería diabólico si dos muchachos que se aman se casaran. Desde luego, la Iglesia no consigue entender que los gais no pueden casarse con mujeres porque sería una violencia por su parte engañarlas. El mismo Francisco ahora abría el sínodo. Ya nadie recordaba su palmario juicio sobre qué era diabólico. Su sínodo era la esperanza contra toda esperanza.

El primer sínodo empezó bien. En el primer día una pareja de esposos australianos, ya no jóvenes, ofreció el propio testimonio: expusieron el caso de una pareja católica, conocidos de ellos, que tenían un hijo gay y vivían un dramático dilema: no se sentían con fuerzas de decirle: «Eres diabólico, enfermo, pervertido...», porque era el fruto de su misma carne y no había hecho mal a nadie. Esos padres se preguntaban si invitar o no a su hijo con su compañero para las fiestas de Navidad: «No podemos dejar de acogerlo. No podemos rechazar a nuestro hijo con la persona que ama.» Yo estaba petrificado entre los muros del santo oficio, con lágrimas en los ojos, siguiendo por internet el informe de aquella anciana pareja. Lloraba de emoción y rogaba a Dios para que esa voz fuera oída en la sala solo llena de varones, que escrutase sus corazones, que los conmoviera. Soñaba, mientras el santo oficio temblaba.

A mitad del sínodo se formuló un documento provisional para someterlo a debate. El jefe de la inquisición lo consideró vergonzoso, y un obispo polaco, en nombre de la parte de la Europa más confesional y retrógrada, tronó en la radio vaticana que el texto era fruto de una ideología anticatólica y que ofendía a aquel dios menor que para los polacos es Juan Pablo II, único verdadero papa. (Ni siquiera se había acordado de que, después de Wojtyła, había habido otro papa, igualmente homófobo. ¡Habría podido mencionarlo, aunque solo fuera por gentileza!) No obstante, yo esperaba que la asamblea se despertase y votase aquel texto que había osado, aunque tímidamente, decir algunas buenas palabras sobre las cualidades humanas de gais y lesbianas.[42] Incluso parecía que esta hubiera sido ya la posición

---

42. «Acoger a las personas homosexuales.» Después de este título prometedor, el documento *Relatio post disceptationem*, en la tercera parte, aún dedicaba dos buenas palabras a los gais para luego concluir con el habitual martilleo contra los estudios de género (que poquísimos habían estudiado, mientras quienes los conocían de verdad callaban espantados por haber descubierto razones o argumentos que la Iglesia *a priori* condenaba). Pero en la *Relatio post disceptationem* había dos buenas palabras, al menos no de compasión, que la Iglesia quería generosamente regalar a los gais desviando así la atención de sí misma, el verdadero «objeto de compasión» (50-52): «Las personas homosexuales tienen dotes y cualidades que ofrecer a la comunidad cristiana: ¿estamos en condiciones de acoger a estas personas, garantizándoles un espacio de fraternidad en nuestras comunidades? A menudo desean encontrar una Iglesia que sea una casa acogedora para ellos. ¿Nuestras comunidades están en condiciones

oficial de la Iglesia desde siempre, aunque no se hubiera expuesto explícitamente: respetar la dignidad de las personas homosexuales. En realidad, era solo la fachada delante de la cual no había que demorarse con demasiada atención. Pero, pregunto, ¿qué habría hecho la Iglesia sin los arquitectos, los pintores, los escultores y los escritores gais, pero también los papas, los religiosos, los misioneros, los sacristanes, y los mismos fieles gais? ¿Qué hubiera quedado si hubieran destruido, como han hecho los talibanes o el Estado Islámico, todo lo que los gais han creado para la Iglesia? Ni siquiera habrían sabido dónde reunirse para el cónclave.

Sin embargo, fue una batalla perdida. El jefe de la inquisición triunfó. Los obispos no habían alcanzado el *quorum* sobre tres artículos, entre ellos precisamente el que trataba sobre las personas homosexuales. Una verdadera novela policíaca: fue arrinconado por los tradicionalistas el

---

de serlo aceptando y valorando su orientación sexual, sin comprometer la doctrina católica sobre familia y matrimonio? [...] La cuestión homosexual nos interpela en una seria reflexión sobre cómo elaborar caminos realistas de crecimiento afectivo y de madurez humana y evangélica que integren la dimensión sexual: por tanto, se presenta como un importante desafío educativo. [...] Sin negar las problemáticas morales relacionadas con las uniones homosexuales, se toma nota de que hay casos en que el mutuo sostén hasta el sacrificio constituye un apoyo precioso para la vida de la pareja. Además, la Iglesia tiene especial atención hacia los niños que viven con parejas del mismo sexo, reafirmando que, en primer lugar, deben salvaguardarse las necesidades y los derechos de los pequeños.» Quisiera que alguien me dijera qué hay en estas frases contrario a la doctrina evangélica. Por primera vez en un documento formulado por la asamblea se reconocía el valor de los sentimientos entre las personas homosexuales y se esbozaba al menos una pregunta sobre la realidad, un propósito de reflexión y de trabajo para la Iglesia del futuro, incluso un primer programa.

texto que proporcionaba una perspectiva renovada, y a cambio se propuso un texto retrógrado que citaba el peor documento del santo oficio.[43] Si es cierto que ese salvamento extremo no había encontrado la esperada mayoría, es igualmente cierto que los descontentos añoraban la versión precedente y dieron una clara señal de que no aceptaban una corrección tan burda, inhumana e insensible. Se trataba de una victoria camuflada, pero siempre una victoria que dejaba algún hilo de esperanza. Sin embargo, el mensaje que se dio al mundo fue exactamente el contrario: habían vencido los fieles a la tradición del odio.

El papa Francisco me proporcionó todavía una brizna de esperanza cuando, un mes después del primer sínodo, corrigió personalmente un discurso preparado por mi «di-

---

43. El título de párrafo del deplorable documento final («Los desafíos pastorales sobre la familia en el contexto de la evangelización») cambió: «La atención pastoral hacia las personas con orientación homosexual». Ya este título en sí es una novela policíaca. No eran capaces de hablar de «personas homosexuales» —forma que sería la correcta—, pero al menos ya no hablaban de «tendencias homosexuales», como había ocurrido en toda la enseñanza precedente. El lenguaje hipócrita de la Iglesia quedaba temporalmente superado. No silenciaban la «orientación»: la sexología, la psicología, la sociología y los estudios de género al menos a nivel terminológico no eran aniquilados. Hoy tengo la duda de que también esta concesión sobre la «orientación» haya sido solo un despiste de redacción respecto del reinante y paranoico rechazo del consolidado concepto (la mayoría de las veces los textos de los sínodos son preparados por profesorcillos del régimen de prisa y corriendo). El texto recitaba luego, de manera criminal e insensible (55): «Algunas familias viven la experiencia de tener miembros con orientación homosexual. Nos hemos interrogado sobre cuál es la atención pastoral oportuna frente a esta situación al hilo de cuanto enseña la Iglesia: "No existe fundamento alguno para asimilar o establecer analogías, ni siquiera remotas, entre las uniones homosexuales y el designio de Dios sobre el matrimonio y la familia."

vino» oficio para el «Coloquio internacional sobre la complementariedad entre hombre y mujer». Un acontecimiento de pura propaganda ideológica, financiado por los tradicionalistas americanos, que habían invertido una cifra ingentísima en aquel intento de adoctrinamiento (que retomaba todo el impulso soviético: «Proletarios del mundo, uníos a nosotros...» contra los gais, sustituyendo a los proletarios por las religiones). La guerra del jefe y de su equipo continuaba, con el ascenso de un ambicioso estadounidense cuya homosexualidad se insinuaba en la oficina. Estaba allí para gestionar el acontecimiento en el que el papa mismo debía tomar parte, aunque por poco tiempo.

El objetivo del congreso no era escuchar a los representantes taoístas o budistas o a aquel pastor protestante que, babeando, arremetía contra los gais, suscitando el entusiasmo del santo oficio. El objetivo era el papa. Si participaba en él se obtendría una gran visibilidad mediática. A la oficina

---

No obstante, los hombres y las mujeres con tendencias homosexuales deben ser acogidos con respeto y delicadeza. "En relación a ellos se evitará toda marca de injusta discriminación" (congregación para la doctrina de la fe, *Consideraciones sobre los proyectos de reconocimiento legal de las uniones entre personas homosexuales*, 4).» La Iglesia reafirmaba su «justa» discriminación de los gais, por ejemplo, no permitiéndoles el matrimonio, no permitiendo que se dedicaran al sacerdocio, no permitiendo que obtuvieran beneficios legales para sus parejas, no permitiendo que trabajaran con niños y jóvenes, no permitiendo que fueran padrinos de bautismo, no permitiéndoles tener hijos, ni siquiera de una precedente relación heterosexual...

Pero, sobre todo, la Iglesia no trataba seriamente a los gais y las lesbianas que eran felices, se realizaban profesional y socialmente y tenían sus propias familias. La Iglesia los reducía a la simple condición de miembros inmaduros de sus familias, familias dignas de compasión a causa de ese elemento «enfermo». ¡Este es el verdadero escándalo del sínodo!

llegaban señales contradictorias, porque hasta el último momento Francisco no especificó si estaría presente o si solo mandaría un mensaje de saludo (en la espera, el nerviosismo llegaba a cotas astronómicas: ¿viene o no viene? Parecía que el sumo pontífice no quería decirlo hasta el último momento). Llegado el fatídico día, el papa se presentó para la apertura de los trabajos con el discurso que le habíamos elaborado para que lo leyera, y no importaba que lo hiciera con rostro triste y melancólico, sin implicarse en el texto. Importaba que hiciera acto de presencia para nuestra visibilidad.

Pero, en un momento dado, Francisco apartó el texto escrito y empezó a improvisar: «Sobre esto quisiera decir una cosa: no debemos caer en la trampa de entrar en calificaciones basadas en conceptos ideológicos. La familia es un hecho antropológico y, en consecuencia, un hecho social, de cultura, etc. Nosotros no podemos calificarla con conceptos de naturaleza ideológica, que tienen fuerza solo en un momento de la historia, y luego caen. No se puede hablar hoy de "familia conservadora" o "familia progresista": ¡la familia es la familia! No os caigáis en calificaciones basadas en este u otros conceptos de naturaleza ideológica. La familia tiene fuerza en sí misma.»[44] Con estas palabras Francisco destruyó aquel texto sobre el que habían trabajado tanto para que, como papa, sostuviera su lucha integrista. Y lo hizo con un discurso improvisado, en italiano, así que los extremistas americanos de derechas, que llenaban el aula, no se percataron del hecho de que Francisco, con un nítido cambio de ruta, nos estaba invitando a no hacer de ideólogos. Aquella mañana asistimos a una nueva y sutil batalla, pero nadie se percató. Todos —por la

44. Discurso del 17 de noviembre de 2014, n.º 3.

magna cifra que se había invertido— tenían el texto del discurso original fotocopiado. Y todos pensaban que Francisco volvería a combatir en el equipo del santo oficio: para ellos bastaba con que el papa hubiera intervenido en la prueba de fuerza integrista de la congregación. Nadie lo había escuchado de verdad, nadie había entrevisto diagnosis y soluciones diversas, ni siquiera atenuantes, nadie había notado la sutileza de un diálogo interno en la Iglesia. Todos esperaban solo el suntuoso almuerzo del convenio, desvergonzadamente opíparo, tanto que habría saciado el hambre de toda una aldea de África.

También por esto ya no espero al segundo sínodo. Ya no albergo la esperanza de ver el rostro humano de mi Iglesia liberada de sus miedos: no vale la pena que me ilusione demasiado. Digo a mi Dios, como dicen los judíos rusos de Anatevka en *El violinista en el tejado* (Broadway, 1964): «Dios, bendice al zar, pero mantenlo alejado de nosotros». Mantén alejado de la humanidad a los artífices del odio y permítenos respirar el aire fresco del respeto a todos los humanos, que desean amar y formar relaciones, que tienen sed de vida contra toda ideología.

Dios, bendice al papa y a su Iglesia, pero mantenla alejada de nosotros. Su gente ya no puede indicar a la humanidad adónde ir, con quién dormir, a quién amar y a quién odiar. Esta gente ya ha perdido el derecho de dar órdenes a la humanidad. Han perdido la autoridad: que se ocupen de sus relaciones homosexuales en absoluto vergonzosas, sino normales, naturales... Bendícelos y deja que discutan entre sí y nos dejen en paz.

La realidad pone un límite a la esperanza.

Corporación hipócrita

Durante buena parte de mi vida me he encontrado en un ambiente fariseo, un ambiente que me ha marcado violentamente en lo más íntimo. Un ambiente, o sea una corporación, que convierte en mentirosas a las personas: personas que, tomadas individualmente, a menudo son inocentes, pero englobadas en el sistema se transforman en sus enceguecidos guerreros.

Con el tiempo, el clero católico, como ya he dicho, empezó a parecerme cada vez más un ejército donde hay porcentualmente muchos más homosexuales que en el mundo en general y, a la vez, donde estos son más ferozmente perseguidos. El lúcido análisis de Drewermann es correcto. El clero es una sociedad que se dirige contra sí misma, en una curiosa actitud de esquizofrenia. Es una sociedad enferma.

La película *Burning Blue* (2013) ofrece una imagen perfecta del ejército americano en el período entre 1993 y 2010, cuando la línea política, en cuanto a la orientación sexual, era «*Don't ask, don't tell*» (No preguntes, no digas). Pero cuando se proyectó en las salas, el presidente Obama ya había liberado el ambiente militar del fariseísmo, vetando la persecución de los gais y las lesbianas. Aquella continuaba siendo, en cambio, la realidad de la Iglesia, el bastión de la hipocresía, según lógicas idénticas a las que presentaba el director D. M. W. Greer.

La Iglesia reviste la homosexualidad de tal deshonra que hace impensable para un fiel revelar su estado «malsano». ¿Por qué un homosexual católico debería, por tanto, salir del armario? ¿Por qué afirmar orgullosamente algo vergonzoso y reprobable? También por eso la Iglesia se opone a las leyes sobre la discriminación de las personas homosexuales, porque tales leyes podrían «alentar a una persona con tendencias homosexuales a declarar su homosexualidad o incluso a buscar una pareja».[45] Solo a los heteros se les permite afirmarse libremente.

Desde luego, la lógica es convincente: si eres gay pero no lo anuncias, no corres el riesgo de ser discriminado. La discriminación homofóbica no tiene razón de ser... pero entonces ¿por qué se debería prohibir hablar de homose-

---

45. Me detengo solo en un documento de la congregación para la doctrina de la fe (*Algunas consideraciones concernientes a la respuesta a propuestas de ley sobre la no discriminación de las personas homosexuales*, 23 de julio de 1993, n.º 14) que sanciona el comportamiento inhumano en relación con los gais. Esta posición queda confirmada por otros documentos promulgados por la congregación: *Carta a los obispos de la Iglesia católica sobre la atención pastoral de las personas homosexuales* (1 de octubre de 1986) y *Consideraciones sobre los proyectos de reconocimiento legal de las uniones entre personas homosexuales* (3 de junio de 2003).

xualidad para conjurar una realidad inexistente? Así enseña el documento que emitió la congregación: «Por lo general, la mayoría de las personas de tendencia homosexual que tratan de llevar una vida casta no hace pública su tendencia sexual. En consecuencia, el problema de la discriminación en términos de empleo, alojamiento, etc., no suele plantearse.»[46] Pero ¿a qué discriminaciones laborales y en el alojamiento se enfrentaría un gay que no quisiera renunciar a la propia personalidad? La Iglesia ofrece la respuesta: si alguien no es lo bastante fuerte para esconder la propia homosexualidad hasta la muerte, deberá echar las cuentas con la «justa discriminación» prevista por los católicos. «Hay ámbitos —sigue diciendo el documento emitido por la congregación— en los cuales no es injusta la discriminación por la tendencia sexual: por ejemplo, en la entrega de niños en adopción o en acogida, en la contratación de profesores o entrenadores de atletismo, y en el servicio militar» (n.º 11); ¡y son solo algunos ejemplos! Un homosexual que enseña matemáticas en un instituto, o hace de entrenador en un gimnasio, o de socorrista en una playa o sirve a la patria como soldado, si sale del armario podría perder automáticamente el empleo. Sería considerado no apto para esto y lo otro. ¡Pero no acaba aquí el odioso texto! La Iglesia repite sin tregua que reconocer los derechos humanos de los gais crea muchos problemas porque va en menoscabo de «la necesidad de casas por parte de auténticas familias» y provoca «legítimas preocupaciones de los propietarios de casas al seleccionar a los potenciales inquilinos». Mi Iglesia insinúa que las casas corresponden a las familias que ella reconoce como «auténticas», ¡no a los gais! Mi Iglesia legitima los prejuicios, no distintos de

---

46. *Ibid.*

los que se observaban en la época de la segregación racial, de un propietario ante potenciales inquilinos gais. Mi Iglesia transmite todo esto a la mentalidad católica, fundándose en las siguientes razones: «Todas las personas tienen, entre otros, derecho al trabajo, a la vivienda, etc. Sin embargo, estos derechos no son absolutos. Pueden ser legítimamente limitados con motivo de un comportamiento objetivamente desordenado. Esto es a veces no solo lícito, sino necesario, y además no se impondrá únicamente en el caso de comportamiento culpable, sino también en el caso de acciones de personas física y mentalmente enfermas. Así se acepta que el Estado pueda restringir el ejercicio de derechos, por ejemplo, en el caso de personas contagiosas o mentalmente enfermas.» (n.º 12) Esos enfermos mentales, esas personas contagiosas, somos nosotros, los gais: debemos escondernos para no encontrarnos «merecidamente» despedidos o echados de la casa por la que pagábamos puntualmente el alquiler, sin molestar a la comunidad de vecinos. Nosotros, los gais, por imposición de la Iglesia, debemos vivir solos en la hipocresía de la mentira sobre nosotros mismos, si no queremos encontrarnos sin empleo y sin techo. Palabra de mi Iglesia. Hasta hoy el magisterio de la Iglesia ha «cebado» a sus fieles con esta ciencia, lo cual no solamente es contrario al espíritu del Evangelio, sino que ofende la vida, la dignidad y los derechos humanos.

A veces pienso que el cine gay me ha salvado la vida. No sé qué habría hecho sin poder asomarme a esa ventana de libertad, de alegrías y esperanzas, de sentimiento y sufrimientos de personas como yo. Habría enloquecido en compañía de mi Iglesia, justo al tiempo que la reina de Inglaterra rehabilitaba finalmente a Alan Turing, el genial matemático gay que, después de haber sentado las bases informáticas para el ordenador con el que estoy escribiendo, se quitó la vida porque no consiguió tolerar el tratamiento hormonal, una castración química para corregir su orientación homosexual. Alrededor, el mundo se estaba haciendo cada vez más civilizado, pero la Iglesia, defendida por el ejército del clero, permanecía igual a sí misma.

En este campo los polacos se manifiestan siempre como los campeones de la divina Iglesia. Cuando en Polonia se estrenó la película sobre Turing, *Descifrando Enigma* (2014), en la ficha de aquella horrible trama anticatólica rezaba que Turing tenía «ciertos problemas personales», sin usar la palabra «gay», «homosexual», ¡que «extrañamente» existe también en polaco! Los católicos polacos seguían describiendo, pues, una orientación sexual como «ciertos problemas personales». ¡Qué asco!

Hasta los formularios para el expediente de matrimonio de los ciudadanos polacos en el exterior solo prevén indicar el nombre de la prometida en el caso de un hombre, y del novio para una mujer. Más simple que eso... Ahora bien, si un «desgraciado» ciudadano polaco deseara contraer matrimonio civil con una persona de su mismo sexo —naturalmente lejos de Polonia, donde esto no está permitido y donde, quizá, nuestro ciudadano no querría volver a poner el pie— no podría hacerlo, porque no le expedirían el certificado que atestigua su estado civil. ¡Para obtenerlo, debería compilar ese formulario donde solo hay espacio para un pene y una vagina! Así el ciudadano queda «aprisionado» en su divino país, que lo protege de su mal gusto. (Desde luego, también podría mentir, adaptando el nombre al otro sexo: ¡pero qué hipocresía! No, eso no se hace.)

¿Por qué cuento esta anécdota? Porque en Polonia recientemente se propuso una reforma administrativa gracias a la cual las personas homosexuales, entre ellas también yo, podrían recibir el certificado de sus sueños, dejar su país, que los trata de forma desalmada, y casarse con quien quisieran en el exterior. Pero todo ello debería ocurrir en la más absoluta hipocresía: el Estado (confesional) polaco no decidiría permitir que sus ciudadanos hicieran en otro país civilizado lo que allí es un derecho, sino que se limitaría a expedir un formulario alternativo donde no se especificaría el sexo del futuro cónyuge. De todos modos, no se ha conseguido ni siquiera esto: la reforma no llegó a entrar en vigor.

La hipocresía es también la última solución, la *extrema ratio* que adoptan las iluminadas mentes del santo oficio. Cuando ya no se puede utilizar ningún otro método para impedir que se reconozcan los derechos civiles, el santo oficio aconseja a los políticos de derechas que consientan el ya «inevitable» progreso, pero haciéndolo a escondidas y con alguna falsa razón, no como una concesión para los homosexuales en cuanto personas homosexuales.

Con aquel formulario el Estado polaco se comportaba como un perfecto discípulo de la Iglesia. Era como si dijese: «Os damos ese maldito certificado para vuestras porquerías, pero solo si no nos decís para qué lo queréis. Dentro de nuestras fronteras —que son también vuestro país— no queremos guarradas, ¡guarros!» Esta es la hipocresía del catolicismo, expeditiva y mezquina. El Estado polaco podría, por tanto, preguntarnos: «En realidad, ¿qué hay de malo? Tenéis vuestro certificado, pero también vosotros debéis concedernos algo a cambio: sentíos tan inexistentes como sois para nosotros.» La discreción de la hipocresía es la manera católica de alabar a Dios y... aniquilar al hombre.

¿Soy exagerado? ¿Veo como una tragedia lo que podría ser una solución (por otra parte, nunca realizada)? No, solo vivo en mi piel la falsedad cotidiana de la Iglesia y de esas sociedades que la Iglesia consigue aún someter, fomentando el miedo entre las personas.

Hace algunos años el santo oficio comenzó a encarnizarse contra una asociación hospitalaria católica norteamericana (que no tenía nada que ver con aquellos estadounidenses que habían participado en nuestro congreso «mundial» antigay) que había dispuesto que sus empleados homosexuales (y cuántos excelentes enfermeros gais hay...) tuvieran los mismos derechos que los heterosexuales y contaran con un seguro para sus compañeros, siempre que hubiesen contraído matrimonio civil. Un obispo «amigo», muy preocupado por esta deriva apocalíptica, había fotocopiado toda la documentación y la había expedido a la inquisición. El santo oficio, siempre en la iluminada reunión del «congreso», llegó a esta conclusión: no se podía detener el reconocimiento que la asociación hospitalaria concedía a sus trabajadores (en realidad, la asociación simplemente respetaba las leyes del Estado, que, entre otras cosas, también la mantenía con fondos públicos), pero se proponía evitar —como buenos católicos— que en la póliza se mencionara el tipo de relación con la persona a la que se extendía la cobertura del seguro. En aquella reunión no daba crédito a mis oídos, nunca habría pensado que se pudiera alcanzar semejante nivel de irracionalidad. Al proponer esta «inteligente» solución, el jefe de la oficina ni siquiera se daba cuenta de que los seguros no se extendían a quien uno decidía, sino solo a los familiares.

En el mismo bastión de la inquisición se nos preguntó cómo deberíamos comportarnos con una pareja gay o lesbiana que deseara bautizar a su hijo. La primera preocupación era no reconocer de ninguna manera a los dos padres del pequeño. ¿Cómo hacerlo? No permitiendo que uno de ellos firmara el registro del bautismo. Resonaba nuestra regla absoluta: «El registro de los bautismos es nuestro: ¡no pueden firmarlo los dos padres!» He aquí el meollo de la cuestión: un registro, una firma, un trozo de papel, no las personas. A esto se añadía la indiscutible opinión de nuestros mejores expertos jurídicos del Opus Dei, según los cuales, en realidad, el hijo es hijo biológico de uno solo de los miembros de la pareja homosexual, el único que, por tanto, puede firmar nuestros libracos. El otro padre no existe, no está. ¡El otro no tiene ninguna relación con el hijo que se bautiza! Lo que importa es la biología, no el amor. Estos iluminados peritos no contemplaban ni siquiera el hecho de que muchísimas parejas gais o lesbianas tenían hijos adoptados por los dos padres. El santo oficio producía instrucciones hipócritas de este tenor —llenas de contradicciones y lagunas, no fundadas en el actualizado conocimiento de la materia— sobre una miríada de temas relevantes, de las personas transexuales a los organismos genéticamente modificados. Por suerte, permanecían en secreto, confidenciales. Así al menos nos ahorrábamos la vergüenza de ser desenmascarados como una corporación de hipócritas y por desgracia también necios. Al menos los fariseos evangélicos tenían cierto nivel intelectual.

La hipocresía es el sistema que domina esta Iglesia de fariseos. Tampoco el papa Francisco puede hacer mucho. La Iglesia es así desde hace siglos y punto. La corporación del clero no sabría vivir de otra manera. Esta es su fuerza.

Célibes y violentos

En el curso de mi vida me he enfrentado también con otro aspecto oscuro de la Iglesia: la realidad del abuso sexual a menores por parte de «buenos» curas, sexual y psicológicamente «bien» formados.

Ahora, gracias a Dios, varias sociedades civiles (no todas) han obligado a la Iglesia a desvelar, confesar públicamente y hacer enmienda por varios y gravísimos delitos: la pedofilia, la efebofilia, los abusos en las confesiones y las violencias sobre monjas atemorizadas y sometidas, a veces obligadas a abortar clandestinamente. Los más difundidos, de todos modos, son los abusos sexuales a menores, que se han convertido en las víctimas predilectas de los curas, devotamente espantados y callados. Como se sabe, es el santo oficio el que debe ocuparse de estos delitos. Pero no ha sido mi experiencia en la inquisición la que me ha hecho vivir en mi piel el horror de estos delitos sexuales.

Personalmente tengo la suerte de no haber sido víctima de abusos. Quizás, al ser un joven tan serio e inalcanzable, tenían miedo de abordarme. Solo podían admirarme... O quizás, en mi época de adolescente, también por mi seriedad, no les gustaba tanto. No, es broma, creo que sí que podía gustar. Sin embargo, también yo he vivido una dolorosa experiencia personal relacionada con la pedofilia eclesiástica. Hoy la revelo con el distanciamiento que ofrece el tiempo, pero nunca podré perdonar a la Iglesia que —con su mentalidad deformada— permitió que también mi familia, totalmente consagrada a ella, viviera este infierno.

Ocurrió cuando mi padre nos había abandonado. Un buen cura, un simpático amigo de la familia, pensó en animar su vida eclesial no solo viniendo a cenar a nuestra casa, donde los sacerdotes eran a menudo gratos huéspedes, sino también intentándolo con uno de nosotros. ¡Que a la Iglesia no se le ocurra buscar justificaciones para semejantes comportamientos, historias repetidas hasta la saciedad y mantenidas en asqueroso silencio! Precisamente esta Iglesia, que veta a sus fieles cualquier sana expresión de sexualidad y que quisiera dar directivas a la humanidad entera, produce monstruos.

Ese cura probablemente era gay. Lo sospechaba porque me parecía que tenía un amigo homosexual. Pero aquel sacerdote era también un insensato pervertido: evidentemente quiso sentir la ebriedad de «probar» un adolescente, un menor de edad. Y esto, a diferencia de lo que ocurre con las calumnias contra los eclesiásticos, no tiene nada que ver con la homosexualidad, ni con la heterosexualidad, ni con la bisexualidad. Pero, en Polonia, la Iglesia ha conseguido que entre la gente arraigue la convicción de que todos los homosexuales son pedófilos, pederastas. Esta es una falsedad gravemente ofensiva por la que la Iglesia debería ser demandada en los tribunales, pero, por desgracia, está difundida como una verdad de la fe católica, al menos en Polonia.

No encuentro palabras para describir mi conmoción cuando, muchos años más tarde, una víctima de aquel cura, una persona a la que amaba pero de la que me había distanciado desde hacía tiempo, me confesó lo que había sufrido. Me dijo que aquel cura amigo de la familia, aquel devoto curita que parecía querer transmitirnos solo simpatía y afecto, intentó abusar de él cuando era menor de edad. No me importaba si al fin se había consumado o no un acto sexual propiamente dicho: en todo caso, sentía un profundo asco por toda esta Iglesia, en la que creía, a la que servía y dentro de la cual veía mi futuro. En todo esto, yo estaba inmerso en un régimen de silencio al que aborrecía, pero que en nombre de la fe me invitaba a olvidarlo todo.

Así, me precipité en una forma de letargo, la «danza del letargo y del marasmo», incapaz de moverme, paralizado por el miedo y la impotencia. El dramaturgo polaco Stanisław Wyspiański, en el drama *Wesele* (1901, *La boda*), ilustra perfectamente esta condición, que muchas veces ha inmovilizado a mi nación católica, en la visión del inerte *taniec chocholi* (danza pilluelo). Entre las dudas y en la ineptitud nos adormecemos para conseguir soportar lo intolerable. Nos sumergimos en un torpor desagradable, casi vegetando, esperando la nada. De pronto todo parece sin valor, y en torno a uno solo nacen fantasmas y monstruos estériles que lo desgastan; entonces la persona se esconde en la danza bajo el signo de la impotencia.

Por otra parte, «dependía» profesionalmente del obispo y de la red del clero. Pero no era la clásica relación de dependencia típica del ámbito eclesiástico: lo que los católicos llaman fraternidad del clero y cultura de la paternidad de los superiores en realidad es el mero empeño cotidiano de adular, odiándose mutuamente, pero vendiendo al mundo la imagen de unos hermanitos devotos. No, este no era nuestro caso. Mi obispo era un hombre de extraordinaria inteligencia. Él sí que era un exégeta serio y un extraordinario erudito. Yo me sentía intelectualmente fascinado por él, aunque no compartía el régimen «prusiano» que había instaurado en la diócesis. A menudo era huésped de nuestra casa en un clima de amistad intelectual. Y ahora se encontraría metido en un asunto turbio que en su Iglesia, desde luego, no debía salir a la luz. Y aquí se tambaleó todo, también lo que había de bueno: incluso las nobles amistades intelectuales funcionan solo hasta cierto límite. El sistema nos protegía y nos paralizaba ante la incómoda realidad. Esta debía ser callada, como se hace en el ejército.

Me encontré en un atolladero. Denunciar esos hechos del pasado habría significado para mí cerrarme el camino de la carrera. No puedo decir que en aquella época antepusiera mi ascenso en las jerarquías eclesiásticas a mi pariente que había sido objeto de abusos. En mi conciencia no era así, pero no alcanzaba a imaginar qué podía hacer sin ser banalizado o silenciado por la Iglesia. Conocía bien esas situaciones, sabía que lo ocultarían todo. Si hubiera querido alzar la voz, habría debido abandonar la Iglesia. Pero, en aquel momento, aún deseaba permanecer en ella para mi futuro. Aún creía que eso constituía solo una excepción y que, en cuanto tal, confirmaba la bondad de todo nuestro sistema. Sin embargo, todo empezaba a confundirse con la amarga percepción de otra verdad.

En realidad, así comencé a vivir una crisis de mis ideales, precipitados del cielo a la tierra. El gran poeta romántico polaco Cyprian Kamil Norwid cuenta una experiencia similar a la mía en *El piano de Chopin*, evocando el momento en que, después de una de las revueltas polacas, en 1863, los soldados rusos destruyeron las casas de los nobles de Varsovia. Desde una ventana tiraron el piano de Frédéric Chopin: «... ha caído... ha caído - ¡Tu piano! [...] Han gritado las piedras sordas - El ideal ha tocado el suelo.» Del mismo modo, en mi vida caían los ideales, los cimientos en los que creía y custodiaba con todo mi ser. Estaba en el suelo, vencido, y mi Iglesia, a la que me habría debido dirigir con confianza, en aquel instante de necesidad ya no existía.

Nacían en mí nuevos fantasmas. Pensé que primero debería verificar con la víctima los fundamentos de la acusación, y luego continuar adelante únicamente en el caso de que salieran a la luz pruebas irrefutables (aunque la comprobación habría corrido a cargo de una institución en la que, no obstante, ni siquiera nos fiábamos para denunciar el delito: he aquí una dramática consecuencia de la mentalidad del silencio instilada por mi Iglesia). En realidad no tenía ningún derecho a poner en duda lo que me había contado mi familiar: había sufrido un abuso por parte de un representante de la Iglesia de la que yo era funcionario y a la cual, al mismo tiempo, no estaba en condiciones de pedir justicia. Tenía miedo: mi Iglesia era buena solo hasta el punto en que no debía defender la propia hipocresía, las propias áreas de influencia, la propia imagen. Entonces se volvía inhumana. Hoy sé que habría debido afrontar y denunciar públicamente esa mezcla de silencios y crímenes morales que hacían prosperar a la Iglesia no solo en el campo sexual, sino también económico y en las relaciones con el poder (en la Iglesia estamos tan preocupados por la salvación eterna que somos poco precisos con las cuestiones humanas, por lo que a menudo tenemos que disculparnos por omisiones e injusticias cometidas en el más acá... pero tenéis que entendernos: nuestra especialidad es el más allá). Sin embargo, dentro de mí existía un férreo autocontrol. Quizás era el miedo, quizá la hipocresía, quizá la mentira, quizá solo la esclavitud impuesta: había sido educado en todo esto durante años.

Sabía que no podría enfrentarme a mi Iglesia. Conocía perfectamente las historias de quienes habían denunciado y luego habían sido condenados al ostracismo. Además, tenía claro que me jugaba toda la carrera eclesial. No habría soportado que mis jefes me insinuaran cosas como «no exageremos», «son cosas de hace mucho tiempo», «quién sabe dónde está la verdad» y mil frases por el estilo. Por costumbre, en la Iglesia se encubren los delitos, las culpas, las responsabilidades... Lo hacemos por el bien de la institución, *pro bono ecclesiae*. Como hacía un cardenal acusado de contactos poco limpios, quien —según había asegurado en los medios— se confesaba cada semana y, por tanto, no había ningún problema. Como hacía aquel funcionario eclesiástico, quien se traicionó acerca de ciertas distracciones concernientes a algunos millones que no le pertenecían a él, sino a la Iglesia: guardaba en la manga la historia de otro que no era mejor que él y eso bastaba para justificarlo (no se justifica solamente lo que concierne a la cama y se hace de dominio público... sino también los errores cometidos con la cartera, que se disculpan siempre porque han sido hechos por el bien de la Iglesia). En el clero es preciso encubrir las fechorías: hoy yo encubro las tuyas, mañana tú encubres las mías.

Lo único que conseguí hacer fue escribir al acusado un enigmático correo electrónico: «Debemos hablar sobre una cuestión que concierne a tal y cual.» Su respuesta me trastornó. Habría esperado que me preguntara, sorprendido: «¿A qué te refieres?» En cambio, replicó diciendo que siempre había cuidado a nuestra familia y siempre había sido gentil y correcto con nosotros. Pero yo no había hecho ninguna alusión al tema que habría querido abordar: había pasado mucho tiempo, había muchas cuestiones que habríamos podido discutir, no obstante él ya parecía saber adónde quería llegar. Para mí eso bastaba para entender que aquel «monstruo» eclesiástico se había traicionado: había algo que se debía aclarar. Pero en aquella época solo supe acunarme en la danza de la mentira, en la que me había educado mi Iglesia.

Corté las relaciones con aquel cura, sobre el que se abrían mis ojos espantados por el mal. Pensé que quien debía denunciarlo era la víctima, como por lo demás quería la Iglesia (en su vigente formalismo legalista). Sin embargo, no encontré la fuerza para hablar clara y fraternalmente con mi pariente con el fin de ayudarlo en relación con la Iglesia, cosa que probablemente él esperaba de mí. Yo pertenecía al sistema de esa Iglesia. Yo era un miembro importante de esa Iglesia, gozaba de cierta autoridad, mi carrera estaba bien encaminada. No sé hasta qué punto hice mal imponiéndome aquel autocontrol eclesial. Por entonces solo experimentaba una constante sensación de incompletitud. Varias veces me dispuse a denunciarlo, pero nunca lo conseguí. Y ahora, finalmente, lo hago.

Por otra parte, ¿a qué autoridad habría podido dirigir la denuncia? ¿A los obispos polacos, que tenían el valor de amenazar a todos diciendo públicamente que nunca pagarían una indemnización por los delitos de un cura y, por tanto, ni siquiera intentarían hacer justicia? El presidente de la conferencia episcopal polaca era insensible y presuntuoso y, con la habitual cara dura, aconsejaba que se dirigieran a ella los directos interesados. Parecía un teatro del absurdo que tuviera como protagonista a una institución fuera del tiempo y fuera de su misma ley. El intocable sistema se defendía, paralizando la mentalidad dominante, y estigmatizaba a las víctimas, a quienes no quedaba más remedio que continuar devotamente calladas por el bien de todos.

El infierno que vivió mi familia al guardar este secreto fue algo psicológicamente indescriptible, destructivo, y se superpuso a otros problemas. Tuvimos que luchar para no perder la fe y continuar viviendo lo que debía ser una vida feliz, o al menos así la presentaba mi Iglesia. Pero aquel terrible secreto hizo emerger todas las tensiones de nuestra comunidad de fe, poniendo en evidencia la fragilidad y debilidad de la Iglesia a la que nos habíamos confiado por completo. Ni siquiera sé cómo pudimos resistir durante tanto tiempo.

Empezó un largo período de «gracia» que la Iglesia nos ofrecía generosamente. Una «gracia» de violencia que no se podía denunciar. Una «gracia» concedida a cambio del silencio. ¿Acaso habría podido apelar al hecho de que en América finalmente se habían planteado algunos casos de pedofilia, si en Polonia continuaban escondidos bajo la alfombra? Me sentía solo, aprisionado por mi misma Iglesia, un ambiente donde debía esforzarme por vivir en su lógica pervertida y desviada y donde la fe se mezclaba con la violencia y una culpable ley del silencio. Este era el sistema de la «fraternidad sacerdotal». Hoy sé que no se deben interpretar los delitos de pedofilia como casos aislados, sino como el fruto sistémico de la mentalidad de la Iglesia, que mata la transparencia y crea complicidad, y por la que el individuo se ve privado de la posibilidad de vivir su sana sexualidad, mientras que quien abusa sexualmente de otro es encubierto por el sistema del silencio. Me avergüenzo de este período. Habría debido dejarlo todo de inmediato.

En cierto sentido, hoy me estoy quitando de encima un peso insoportable, que, sin embargo, no es nada nuevo bajo el sol. Es connatural con la *forma mentis* de los católicos «ardientes». Esos creyentes que consideran los casos de pedofilia como experiencias subjetivas, referidas con exageración, que no tienen nada que ver con la realidad de las cosas. Pues bien, su Iglesia muestra hasta la náusea que no es solo una teoría, sino también una comunidad que toca profundamente al sujeto, hasta convertirse en una decisiva experiencia subjetiva. Lo toca literalmente.

En realidad, también nosotros éramos fieles ardientes convencidos y completamente confiados en la Iglesia, o al menos yo lo era. Al vernos, la gente quizá nos habría definido como fanáticos, fundamentalistas, extremistas y talibanes. Pero nosotros nos limitábamos a creer incondicionalmente. Creíamos en la racionalidad y en la transparencia de la Iglesia, que nunca debería tener miedo de la verdad. La Iglesia formaba parte de nuestra familia, siempre había estado con nosotros, de nuestra parte. Había sido nuestro refugio en el sistema totalitario soviético en que habíamos vivido. Y ahora esta familia católica se había visto manchada con un episodio infernal que había tocado a uno de nosotros. Los culpables no eran los rusos, los masones, los judíos, los gais o las lesbianas, sino buenos curas de la Iglesia, una compañía hipócrita y totalitaria que seguía interfiriendo en la vida de las personas individuales y de las naciones enteras, permaneciendo impune frente a cualquier culpa. Una «institución total» (como diría Erving Goffman) que se defendía de los delitos con el silencio. Una Iglesia que ya no podía garantizar la paz de los suyos.

Pero, en ese punto, yo ya no me contaba entre ellos.

Leprosos

Con el tiempo, en mi interior sentía cada vez más que era homosexual y empezaba a quererme como gay. Descubría y comprendía mi orientación. Tomaba conciencia de mi personalidad. Al no tener ya la fuerza para esconderme de mí mismo, me percataba de que afloraban en mí deseos de amor, inclinaciones, sentimientos y afectos. Continuamente.

Desde luego, durante mucho tiempo los rechacé como una mentira enferma. Es verdad que, cuando un gay o una lesbiana toma conciencia de la propia identidad, lo hace a través del filtro de lo que ha interiorizado anteriormente: el miedo, el rechazo, el odio (si lo ha respirado) y la discriminación. Y, por tanto, acaba percibiendo que hay un rasgo de su propia personalidad ligado a estas actitudes.

Me sucedió también a mí, con mayor razón porque me formé en la Iglesia. La homosexualidad no es una naturaleza secundaria que yo haya elegido para ser distinto de la mayoría de las personas heterosexuales. Es precisamente mi naturaleza número uno. Junto a ella se había injertado una segunda naturaleza, hecha, en cambio, del odio y del rechazo a mí mismo, de la absoluta falta de autoestima, de un ansia insoportable. Un estrés prepotente y apremiante que me acompañaba cada día, unido al terror de ser desenmascarado o sospechoso, o de ser víctima de una broma que no sabría reconocer. Me había habituado a convivir con este estrés como se hace con una enfermedad incurable, a la que es preciso adecuarse. El estrés crónico habría podido ser por toda la vida mi desagradable compañero de viaje, el que mantenía alta la guardia y controlaba que permanecieran cerradas las puertas del armario en que debía mantener escondido mi mal incurable. La Iglesia, con sus diagnósticos, me había transformado en un leproso y la lepra debe ser mantenida alejada de los demás a toda costa. Así vivía una esquizofrenia inhumana, escindido entre mi verdadera naturaleza y el odio hacia mí mismo. La única manera de soportar ese infierno interior era banalizar e interiorizar la homofobia. Pero yo no la había interiorizado bien, como quería la Iglesia; es más, con el paso del tiempo me estaba liberando de ella, cada vez más. Y así había quedado sin la protección del «condón homofóbico» que me habría permitido tolerar el estrés institucionalizado, organizado y orquestado por mi Iglesia.

En cierto sentido, esta lepra interior, tan perfectamente implantada en el corazón, debe ser también el castigo por el hecho de ser homosexual. ¿A quién importaba si había sido yo mismo quien me había «contagiado» o había nacido «enfermo»? ¿A quién importaba si había decidido ser así o si me había encontrado sin posibilidad de elección? ¿A quién importaba si era responsable de lo que era o si simplemente se trataba de un don de la naturaleza que debía aceptar? Sobre esto, los católicos están bastante confundidos y esquizofrénicos, aunque suelen compartir la primera de las dos opciones. Si luego se hace evidente la irracionalidad de su tesis —el contagio, la voluntad y la responsabilidad— cierran el discurso apelando a la divinidad: «Estas cosas dejémoslas a la ciencia, nosotros solo sabemos que es pecado.» Y concluyen diciéndote que ese pecado contra natura escondido dentro de ti es la causa de tu justificada angustia, de la pesadilla constante provocada por tu estrés. Por otro lado, según los católicos, es justo discriminar y marginar a los homosexuales. Hay que defenderse de la lepra. Y los gais, las lesbianas, los bisexuales y los transexuales son leprosos. Más leprosos imposible.

Han hecho de nosotros unos leprosos y luego nos han concedido su compasión. El catecismo de la Iglesia recomienda a los católicos tener una actitud de delicadeza y compasión para con las personas homosexuales, sin darse cuenta de que esta actitud es una inaceptable ofensa a nuestra dignidad.[47] Esa «compasión» por los gais es una humillación: nunca se solicita respecto de las personas hetero-

---

47. *El Catecismo de la Iglesia Católica* (cfr. núm. 2.357-2.359) dedica a la homosexualidad quince frases, de las cuales ni siquiera una está libre de errores, imprecisiones y lagunas, reflejando un estado del saber humano apenas más avanzado que el del siglo XIX. A partir de una falsa definición de la homosexualidad, el catecismo establece que esta consiste en las «relaciones» entre personas del mismo sexo, mientras que en realidad es una orientación sexual que forma parte integrante del ser humano, al margen de las relaciones que pueda mantener. Al contrario, se pueden tener relaciones homosexuales sin ser homosexual, como sucede en no pocas prisiones. La Iglesia primero formula una falsa definición (desconectando la sexualidad de la identidad de la persona), y luego, en consecuencia, combate ciegamente lo que ha descrito erróneamente.

sexuales (consideradas sanas), pero es un sentimiento que se debe albergar por alguien que es inferior o defectuoso en su «inclinación» «objetivamente desordenada» (como dice el catecismo). Son la compasión y la delicadeza que hay que tener con quienes necesitan cuidados especiales, como un enfermo mental o un inmaduro. Nos han estigmatizado y luego nos han regalado su «misericordia», a condición de que aceptemos que Dios nos ha creado desviados o que nosotros mismos nos hemos desviado de su proyecto. Pero ¿cómo se permiten seguir anunciando al mundo que luchan contra la marginación, que son contrarios a las discriminaciones, que no comparten las condenas vitalicias? ¿Cómo se permiten declarar que están preocupados por los más débiles, por las personas solas que sufren? ¿Cómo se permiten llamar «amor» a la condición infernal que ellos mismos han creado y que continúan manteniendo para una parte de la humanidad (una parte que no saben ni siquiera definir)?

¿Cómo se permiten...? ¿Tal vez son solo una Iglesia de falsos hombres y de falsos pastores?

Tercera parte

EL DESPERTAR

La heterodictadura

La Iglesia no tiene derecho a decir, como hizo Juan Pablo II, «el hombre es el camino de la Iglesia», porque esta generalización es falsa. Quizá podría afirmar «el hombre heterosexual es el camino de la Iglesia», a condición de que los heterosexuales lo compartan, pero esto no concierne ni a mi vida ni a la de mis amigos excluidos. Aunque, pensándolo bien, tampoco las personas heterosexuales pueden sentirse bien comprendidas por la Iglesia en su humanidad sexuada.

La Iglesia no tiene derecho a definirse como «experta en la humanidad», como decía Pablo VI. Quizá podría declararse «experta en la humanidad heterosexual», a condición de que los heterosexuales estén de acuerdo, pero tampoco esto concierne a mi vida ni a la de los que han sido estigmatizados como yo. Es más, creo que también los heterosexuales pueden tener dificultades para aceptar a esta «experta»: quien no comprende los derechos de las minorías tampoco podrá comprender a la mayoría. Quien defiende la dignidad y los derechos de las minorías, defiende la dignidad y los derechos de todos, de la humanidad entera.

Si se considera la absurdidad, la ceguera y la contradicción de la doctrina moral de la Iglesia, especialmente en lo relativo a la sexualidad, pensamos espontáneamente que debería callar o convertirse (o al menos actualizarse). En cambio, la Iglesia pretende organizar a la humanidad, sin tener conocimiento ni respeto por ella. Para los homosexuales, en particular, no ha planteado ninguna propuesta más que el odio y las soluciones inhumanas.

Cuando el teólogo alemán ultraconservador David Berger salió del armario,[48] alguien observó que en relación con las personas homosexuales la Iglesia de hoy no estaba muy alejada de la lógica de la persecución nazi. Podemos añadir que tampoco se aleja demasiado de las dictaduras comunistas. En el Vaticano todos se rieron de esa exageración, pero tales comparaciones están bien fundadas. La opresión de los homosexuales, privados de su dignidad y anulados en su sensibilidad, sigue vigente aún hoy en Occidente, sostenida principalmente por la Iglesia católica, fiel y silenciosa aliada de los estados confesionales totalitarios. Tal afinidad se observa en las votaciones en la ONU o en las subterráneas alianzas con los países islámicos que condenan a muerte a los gais. Se ha podido ver también en el último sínodo sobre la familia, durante el cual un cardenal africano, para atizar el espíritu de enfrentamiento apocalíptico, comparó a los gais con una moderna plaga «nazi», que debía ser combatida por la Iglesia, tal como en el pasado se combatió el nazismo. Esta afirmación no suscitó ninguna reacción pública de desdén por parte de ninguno de los obispos presentes. Así, más recientemente, ese mismo

---

48. *Der heilege Schein: Als schwuler Theologe in der katholischen Kirche*, Ullstein, Berlín, 2010.

cardenal cargó la mano definiendo como «diabólicos» los derechos concedidos a los transexuales, y «venenosos» los de los homosexuales. La Iglesia, que también se disocia (de palabra) de cualquier forma de régimen, continúa usando la misma propaganda apocalíptica de las dictaduras que se sentían en el deber de limpiar la raza.

Probablemente, la Iglesia se ha quedado doscientos años rezagada respecto de la ciencia, como señalaba el cardenal Martini, y así ha perdido de vista al hombre. En el futuro ya no podrá disculparse por no haber actualizado su propia ideología sobre la naturaleza humana. Se ha excusado ya bastante por las atrocidades cometidas en el curso de la propia historia y, sin embargo, persevera, ciega como una manada de animales violentos.

De la gran teórica del feminismo Monique Wittig he aprendido qué significa el término «heteronormatividad», y qué poder tiene en un mundo donde la absoluta mayoría de las personas es heterosexual.[49] Las sociedades que se fundan en una forma única y «divina» de heteronormatividad acaban siendo, como resultado de ello, profundamente intolerantes, injustas y violentas hacia una minoría que continuará siendo siempre tal. Esta mujer me ha abierto los ojos sobre muchas cosas. Ha identificado una realidad que la Iglesia me había transmitido: el hetero es el único que tiene el derecho de existir, el legal, el sano y el respetable. Wittig llamaba a todo esto heteronormatividad; yo, basándome en mi experiencia en la Iglesia, preferiría definirla heterodictadura.

---

49. Cfr. *El pensamiento heterosexual y otros ensayos* (Egales, Barcelona, 2006) o *El cuerpo lesbiano* (Editorial Pre-Textos, 1977) y muchos otros ensayos suyos.

Esta ideología de la Iglesia también recibe el nombre de «homofobia». Una verdadera «homofobia eclesial», que es algo particularmente odioso, peligroso e hipócrita. Es la manifestación específica de una aversión promovida por la jerarquía eclesiástica, por algunos grupos de laicos y por los medios de comunicación católicos. A esta siguen graves injerencias tanto en la vida de los individuos como en la organización política y legislativa de los estados soberanos, debido a que los estados mismos lo permiten.

La homofobia es un conjunto de acciones y sentimientos irracionales de miedo, odio y desprecio hacia las personas homosexuales por el mero hecho de serlo, y se expresa mediante palabras, con actos concretos, a través de relaciones sociales basadas en la opresión y en la prevaricación. Se pasa de la violencia física a la psicológica, de las humillaciones verbales a las discriminaciones en el campo laboral, a la falta de reconocimiento social, familiar y legislativo. El último y definitivo fin de la homofobia es la anulación social y la destrucción psicológica y, si es posible, física de quienes son víctimas de ella.[50]

La Iglesia quiere que los gais, las lesbianas, los bisexuales, los transexuales y los intersexuales sean invisibles. Pero también es preciso tener el valor de abrir los ojos de las personas sobre esa particular forma de homofobia representada por la homofobia eclesial que «consiste en una actitud que construye la heterosexualidad reproductiva como voluntad divina, sospecha y reprueba todo lo que cuestiona

---

50. Cfr. Antoni Jesús Aguiló Bonet, «Pensamiento abismal, diferenciación sexual desigual y homofobia eclesial», *Nómadas. Revista crítica de ciencias sociales y jurídicas*, 23, 2009.

el orden patriarcal y heterosexista hegemónico e infunde miedo y preocupación entre la población, incitándola, por tanto, al odio, el rechazo y la discriminación de lesbianas, gais, transexuales y bisexuales (LGTB). La homofobia eclesial actúa como un guante de seda que enmascara un puño de hierro: utilizando la retórica de la misericordia y el amor al prójimo, la jerarquía católica aparentemente acepta y acoge a las personas homosexuales; sin embargo, sus actuaciones, sus comportamientos y discursos cotidianos muestran la insensibilidad y el desprecio que siente por ellas».[51]

Mientras las ciencias primero y las leyes de los estados civilizados después han empezado a corregir su percepción de la homosexualidad, esta continúa siendo un baluarte de odio irracional, vendido por el dulce y cándido pensamiento de los católicos perseguidos, que no hacen más que defender a la humanidad de sí misma. Por eso los homosexuales deben desaparecer y, si resisten, deben volverse invisibles y vivir su sentimiento de culpa, con la autoestima destruida. Deben saber que son «bestias» sin razón alguna, pero nosotros, los católicos, los acogeremos siempre a condición de que sean invisibles, que no nos molesten con sus demandas de un necesario desarrollo psicológico y otras idioteces. Que no se lamenten demasiado si los hacemos sufrir un poco, porque se lo han merecido con su naturaleza pervertida, porque nuestro odio es siempre por una causa justa.

Hemos sido invisibles durante siglos y muchos de nosotros seguimos siéndolo. Esta es la condición para sobrevivir a la ideología de la heterodictadura de la Iglesia: ser invisibles para la buena paz de las familias «tradicionales»,

51. *Ibid.*

burguesas y católicas. No tenemos derecho a aparecer, sino solo a permanecer en silencio, escondiendo la obscenidad que llevamos dentro de nosotros. Por la calle, cada muchacho hetero puede ser él mismo con su chica, mientras que a un gay no le está permitido tener a su compañero de la mano: solo se le permite soñar qué hermoso hubiera sido ser hetero.

Siguiendo esta aberrante lógica, el matrimonio no estaría vedado a los gais; bastaría con que se casaran... con una mujer. El único matrimonio permitido. Tengo la impresión de que solo podemos decidir que existimos si nos transformamos en heterosexuales. Los remedios aconsejados irían de la castración química a las inyecciones de hormonas, de los electrochoques a una dieta a base de verduras, de una intensa práctica del fútbol a una igualmente intensa plegaria de constricción.

En el fondo, la Iglesia nunca ha reaccionado a los estupros perpetrados en perjuicio de las lesbianas para convertirlas y a las violencias cometidas con los homosexuales para cambiarlos. Aún ahora promueve, mostrando su insensibilidad, las acientíficas y peligrosas «terapias reparadoras» para curar a estas minorías y convertirlas a la heterosexualidad. Es más, esta Iglesia, bajo el pontificado del papa Benedicto XVI, se expresó contra la despenalización de la orientación sexual, junto con los estados confesionales islámicos, y se opuso a las resoluciones contra la discriminación de las personas homosexuales y contra las persecuciones de los gais. En conclusión, condiciona obsesivamente la fe y la salvación al sexo que debe practicarse entre hombre y mujer, obviamente sin el uso del profiláctico. En vez de escrutar el misterio del hombre, lo han reducido a pene y vagina. ¡La Iglesia ha reconducido a la humanidad al aparato genital! Pero en este punto uno se pregunta adónde ha ido a parar la buena nueva del Evangelio de Jesús, que no se interesaba en absoluto por el sexo. ¿En qué ha terminado la prioridad indicada por Cristo, por la que «Ya no importa ser judío o griego, esclavo o libre, hombre o mujer; porque unidos a Cristo Jesús, todos sois uno solo»? (Gálatas 3, 28)

La Iglesia no soporta que salga al descubierto la conciencia del homosexual que ya no se siente enfermo, culpable y desnaturalizado. No soporta a un gay que se siente feliz, realizado y en paz: podría «contagiar» a los otros con el propio orgullo por sí mismo, con la paz y la seguridad apenas adquiridas. La Iglesia no soporta la libertad de la naturaleza, alejada de cómo la querría su ideología. La Iglesia no tolera la libertad de amar, ya no obstaculizada por el veto de gozar lo que hay de más hermoso.

Todo régimen odia a los que osan rebelarse. Nos lo mostraron los campos de concentración nazis: no era tolerable que un prisionero se tomara la libertad de suicidarse, de terminar con el infierno al que estaba obligado. Por cada suicida que se había «liberado» pagaban los que seguían en el campo. Del mismo modo, mi Iglesia no soporta la libertad, comportándose, a nivel psicológico, de manera no tan distinta de regímenes enceguecidos como el nazi. No tolera la libertad concedida a los homosexuales, escondiéndose detrás de la cortina de la defensa de la familia. El proyecto eclesial es perverso: los gais, al no dejarse ver, nunca conseguirán defender sus derechos humanos, porque la sociedad no puede reconocer los derechos de quien no existe; de quien, atemorizado, no tiene el valor de mostrar su propio rostro. Infundir miedo homofóbico sirve para aniquilar al otro. En su sutil inhumanidad, alcanza el apogeo planteando la idea de que una minoría puede ser psicológicamente eliminada por el bien de todos.

«No os dais cuenta de que es mejor para vosotros que muera un solo hombre por el pueblo, y no que toda la nación sea destruida» (Juan 11, 50). Mejor que muera una pequeña comunidad para poder conservar tal cual a nuestro gran pueblo heterosexual. Lo que los fariseos hicieron al Cristo inocente, abofeteado, rechazado y ejecutado, ahora la Iglesia lo hace a los otros. Pretende defender la ley, pero quizás ha olvidado su significado originario: no logra valorar qué es recto y justo, porque ha descuidado al hombre y el misterio de su naturaleza. Así cierra las puertas en el intento de tutelar la propia posición ya indefendible. Confunde la doctrina de Dios con opiniones discutibles y las defiende a capa y espada, como si fueran la voluntad divina. Olvidando a Dios, olvidando al hombre...

Parece que no sirven de nada las advertencias del papa Francisco, caídas en el vacío: «Sucede así que cuanto hace el Espíritu Santo en el corazón de las personas, los cristianos con psicología de doctores de la ley lo destruyen. No está bien, porque la Iglesia es la casa de Jesús, y Jesús acoge, pero no solo acoge: va al encuentro de la gente, tal como fue al encuentro del hombre necesitado. Y si la gente está herida, ¿qué hace Jesús? ¿La reprende, porque está herida? No, acude y la lleva a sus espaldas. Esto se llama misericordia. Precisamente de esto habla Dios cuando reprocha a su pueblo: «¡Quiero misericordia, no sacrificio!»[52] De pron-

---

52. Meditación cotidiana, 17 de marzo de 2015.

to, se diría que Francisco mismo defendía —de los ataques de sus seguidores— a aquellos que hoy defienden el amor de las personas homosexuales y su derecho a la vida familiar: «También hoy hay cristianos que se comportan como los doctores de la ley y hacen lo mismo que hacían con Jesús, objetando: "Pero este, este dice una herejía, eso no se puede hacer, eso va contra la disciplina de la Iglesia, esto va contra la ley." Y así cierran las puertas a muchas personas. Pero nosotros necesitamos la conversión a la misericordia de Jesús: solo así la ley será plenamente cumplida, porque la ley es amar a Dios y al prójimo, como a nosotros mismos»[53] y el amor al otro exige primero su comprensión. Es el amor que reclama emprender un viaje de conocimiento verdadero del otro: con un prejuicio no es posible amar.

Ni siquiera diez días después el papa Francisco retomó el mismo razonamiento, pero ahora ya nadie lo escuchaba: «Los doctores de la ley no entendían la alegría de la promesa; no entendían la alegría de la esperanza; no entendían la alegría de la alianza. No entendían. Y no sabían disfrutar, porque habían perdido el sentido de la alegría que solamente viene de la fe. [...] Por su parte, aquellos doctores de la ley habían perdido la fe: eran doctores de la ley, ¡pero sin fe! Más aún: ¡habían perdido la ley! Porque el centro de la ley es el amor, el amor a Dios y al prójimo. Sin embargo, ellos solo tenían un sistema de doctrinas precisas y, cada día más, necesitaban que nadie las tocase. [¡Aquí me pareció que hablaba del santo oficio!] Eran hombres sin fe, sin ley, apegados a doctrinas que también se convertían en una actitud casuística, como: ¿se puede o no pagar la tasa a César? ¿Esta mujer, que ha estado casada siete veces, cuando vaya al cie-

---

53. *Ibid.*

lo será esposa de esos siete? Y esta casuística era su mundo: un mundo abstracto, un mundo sin amor, un mundo sin fe, un mundo sin esperanza, un mundo sin confianza, un mundo sin Dios.»[54] Más adelante el papa Francisco parecía describir la actitud de los católicos en las sociedades libres, en las cuales con inmenso esfuerzo van madurando los reconocimientos de los derechos de las minorías sexuales. Ante cada proyecto de ley justa hacia los homosexuales, los católicos entraban en pánico «aniquilando» la serenidad de pensamiento y la alegría que cabría esperar ante la perspectiva de que el prójimo, ya sea gay o lesbiana, obtenga, finalmente, reconocimiento y comprensión. ¿Acaso no se es feliz cuando el prójimo es más feliz no quitando felicidad a nadie? Los católicos, en cambio, sentían como un triunfo cada vez que no se conseguía llevar a buen fin un proyecto de ley por la dignidad también de los no heterosexuales. Francisco parecía aludir precisamente a esto al decir que, si no se entiende a la persona humana, no se da ninguna alegría, ni siquiera cuando se gana prevaleciendo sobre los demás. Los fariseos «no disfrutaban ni siquiera si celebraban alguna fiesta: seguro que abrieron algunas botellas cuando Jesús fue condenado. Pero siempre sin alegría, es más, con miedo porque alguno de ellos, quizá mientras bebían, tal vez recordó la promesa de que "resucitaría de entre los muertos". Y así de inmediato, con miedo, fueron donde el procurador para decirle: "Por favor, tened cuidado con ese, que no haya ningún truco." Y todo porque tenían miedo. Pero esta es la vida sin fe en Dios, sin confianza en Dios, sin esperanza en Dios. La vida de los que solamente cuando entendieron que no tenían razón pensaron que solo les quedaba el camino de coger las piedras para lapidar a Jesús. Su

---

54. Meditación cotidiana, 26 de marzo de 2015.

corazón estaba petrificado. En efecto, es triste ser creyente sin alegría, y la alegría no existe cuando no existe la fe, cuando no existe la esperanza, cuando no existe la ley, sino solo las prescripciones, la doctrina fría. Esto es lo que vale».[55] Francisco volvía sobre estos temas continuamente, mientras la fría doctrina nos ahogaba. Si se está reprimido y no se tiene alegría, no se puede ser creyente. En esta Iglesia, cerrada y carente de misericordia, a menudo tenía la sensación de oír resonar la desgarradora aria de Canio, que cierra el primer acto de los *Pagliacci*:

> *¡Representar!*
> *¡Mientras soy presa del delirio*
> *ya no sé ni lo que digo*
> *ni lo que hago!*
> *¡Y, sin embargo,*
> *es preciso: esfuérzate!*
> *¡Bah! ¿Acaso eres un hombre?*
> *¡Tú eres Pagliaccio!*
> *Ponte el jubón*
> *y enharínate la cara.*
> *La gente paga*
> *y quiere reírse aquí.*
> *Y si Arlequín*
> *te quita a Colombina,*
> *ríe, Pagliaccio,*
> *y todo el mundo aplaudirá.*
> *Transforma en bromas*
> *los espasmos y el llanto;*
> *en una mueca, el sollozo*
> *y el dolor... ¡Ah!*

55. *Ibid.*

> *Ríe, Pagliaccio,*
> *sobre tu amor destrozado.*
> *Ríete del dolor*
> *que te envenena el corazón.*[56]

Ríe, payaso, esfuérzate por reír e interpreta el espectáculo de tu Iglesia, de sus frías normas dictadas por el miedo. Ponte la máscara: «¿Acaso eres un hombre? Tú eres Pagliaccio.» El payaso del sistema... ríe, la gente paga por esto...

La Iglesia vive hoy entre el equívoco y la confusión. Se aleja de la naturaleza humana completa y obliga a los suyos a esconder la turbación hacia un equívoco impuesto como voluntad de los cielos. Hace universal lo particular, hace infalible lo opinable, hace intocable lo discutible. En su historia ha cometido errores, pero siempre ha conseguido justificarlos. Ha sostenido la esclavitud a ultranza durante siglos, como institución bíblica y divina; no ha hecho nada contra la eliminación física de los judíos por su atávico antisemitismo; ha exterminado civilizaciones enteras en el intento de convertirlas rápidamente; ha quemado bibliotecas y ha destruido las artes precoloniales en el curso de sus conquistas; siempre ha sospechado de la ciencia, que solo tenía derecho a hablar si era «confesional»; se ha opuesto a los matrimonios entre razas o fes diversas, porque Dios no lo habría querido, como hoy se opone a los matrimonios entre personas del mismo sexo. La dictadura de la Iglesia, que se esconde detrás de la imagen dulcificada de la salvación y del amor al prójimo, pretende saber qué

---

56. Ruggiero Leoncavallo, *Pagliacci*, traducción de Roger Alier, Daimon, Barcelona, 1985.

es justo y qué no lo es. Todo ese amor siempre se condiciona a la verificación de su heterosexualidad, impuesta por las directivas doctrinarias. Todo por la amorosa segregación de la humanidad, que no hace bien ni a las minorías ni a la mayoría. No hace bien a nadie: todos son incomprendidos, respirando odio los unos hacia los otros.

La heterodictadura festeja, el espectáculo continúa. Ríe, payaso...

La Europa libre

Viajaba mucho, diría que muchísimo.

Me agrada volar y, aparte del avión, no me gustan otros medios de transporte. Volar es mi segunda naturaleza. Quizá por eso uno de mis sueños era convertirme en piloto o al menos en azafato. Miraba siempre con envidia a los asistentes de vuelo varones, que con los años eran cada vez más numerosos y no pocas veces gais. Pensaba que su tipo de vida sería adecuada para mí. Viajaban, escapaban y estaban siempre en movimiento a través de las nubes. Utilizaba en la mayoría de mis vuelos compañías de bajo coste, pero sin duda soñaba siempre con la *business class*.

Con Eduard agradecíamos al cielo por estos vuelos económicos que nos permitían vernos como poco cada dos semanas: nuestra relación a distancia se alimentaba gracias a Skype, Whatsapp, Viber y el correo electrónico durante la semana y con vuelos de bajo coste en los fines de semana. Era nuestra fórmula de amor. Pero también viajábamos mucho juntos. París se convirtió en nuestra meta de enamorados, donde volvíamos al menos una vez al año. Era obligatoria la visita al instituto de estudios políticos Sciences Po en el corazón de Saint-Germain-des-Prés, desde siempre la escuela soñada por Eduard. Pasábamos horas en su librería de ciencias sociales y políticas, a la que muy pronto añadimos el instituto de relaciones internacionales y estratégicas IRIS de Pascal Boniface, el estudioso de geopolítica cuyas obras Eduard devoraba una tras otra. Luego pasábamos siempre al menos medio día en las librerías Gibert Joseph en Boulevard Saint-Michel: él en la que trataba de historia y geopolítica, yo en la especializada en ciencias humanas, sociología, psicología, estudios de género... Luego corríamos de una exposición a otra, drogados de museos y de galerías de arte. Él se dedicaba a la búsqueda de los rostros femeninos de Modigliani, yo más bien a las líneas y las geometrías de Mondrian; él prefería los espacios de Pissarro, yo los personajes de Picasso; él se acercaba a los puntitos de Alfred Sisley, yo me dejaba atraer por Brâncuși o por Kandinsky o por Max Ernst; él prefería los impresionistas y los expresionistas, yo, al profético Gustave Courbet; él reposaba en los colores del mar de Joaquín Sorolla, yo en los de la modernidad de Tamara de Lempicka. Al mismo tiempo, sus artistas se convertían en los míos y viceversa, mientras que con Marc Chagall nos encontramos de acuerdo desde el principio... Por desgracia en 2014 llegamos a París con un día de retraso y así nos perdimos la histórica exposición en el museo de Orsay *Masculin / Masculin. L'homme nu dans l'art de 1800 à nos jours*, recién clausurada. Ah, íbamos también a los cementerios: al Père Lachaise en busca de la tumba de Camille Pissarro, pero también al cementerio de Passy en el Trocadero, donde está sepultada la princesa iraní Leila Pahlavi, que se había quitado la vida (Eduard se había convertido en un experto en historia persa, en particular de la última emperatriz Farah, la Shahbanou: una mujer extraordinaria). Nuestras jornadas declinaban delante de una *soupe à l'oignon*, o en un restaurante japonés con un sushi del que no nos privábamos tampoco en Francia.

Nuestro París, solo nuestro... Tratábamos de coordinar los horarios: yo desde Roma, él desde Barcelona, para llegar más o menos juntos y volver a partir a la misma hora hacia Ámsterdam, Lisboa, Oporto, Bruselas, Estambul, Múnich, Varsovia, Atenas, Lyon o Niza. La búsqueda de vuelos era un quebradero de cabeza. Otras veces, afortunadamente, viajábamos juntos cuando partíamos ambos desde Barcelona.

Pero yo había comenzado a viajar por la vieja Europa ya mucho antes de conocerlo. Entre todas las ciudades que había visitado, la que más me había impactado era precisamente la capital catalana. La primera vez había ido para unos ejercicios espirituales. Aún no conocía el Eixample y su fantástico mundo gay y no podía imaginar, ni en mis sueños más extravagantes, que un día me enamoraría de un catalán. Aquella vez la Rambla me había encantado con su misterioso sentido de libertad, que en Barcelona se respiraba en cada rincón. Caminaba entre un pueblo civilizado y abierto, que no hacía muecas si veía que dos muchachos paseaban cogidos de la mano. Quizás idealizaba la realidad, pero en Cataluña viví la experiencia de una sociedad —de mayoría heterosexual— que no perseguía ni odiaba, simplemente aceptaba la existencia de una minoría homosexual.

De los tiempos de mi juventud recordaba sobre todo una imagen de Barcelona: Montserrat Caballé y Freddie

Mercury, que cantaron en el concierto de los Juegos Olímpicos de 1992. Pero ya entonces era la Barcelona que hoy amo: capaz de conciliar la ópera lírica con la modernidad. Gaudí, Dalí, Miró y Tàpies, pero también el modernismo de Domènech i Montaner me restituían el sabor de una ciudad capaz de seguir el ritmo de los tiempos y tolerante. No podía imaginar que varios años más tarde estaría junto a mi prometido delante de las Cuatro Columnas de Josep Puig i Cadafalch, símbolo de la nación catalana, en la manifestación que precedía al día de la consulta por la independencia. No podía imaginar que allí escucharía la canción de Jacek Kaczmarski de 1978, *Mury* (*Muros*), que en la Polonia sometida al régimen comunista era el himno del movimiento de liberación Solidaridad. Oyéndola entonar en 2014 por la voz de los catalanes, descubrí que originariamente no era polaca, sino precisamente catalana: se titulaba *L'estaca*, de Lluís Llach, y había sido escrita en 1968. Mientras Polonia formaba ya parte de manera estable de la Unión Europea, en mi nueva tierra de adopción aquella canción volvía a expresar el mismo ardiente deseo de independencia. Seguía las etapas de la autodeterminación de Cataluña como si fuera mi patria: me conmovía, me enfadaba, esperaba.

Aquel pueblo de familias, niños y ancianos que cantaban canciones de libertad no parecía molesto por la presencia de muchos gais y lesbianas entre ellos. Un pueblo respetaba al otro y, al mismo tiempo, formando una unidad, pedía respeto por la propia dignidad nacional. Lo entendía como solo un polaco puede entenderlo, en cuanto que nuestra patria no existió en los mapas durante más de un siglo. Paradójicamente, mientras mi país de origen ya estaba seguro en Europa, los catalanes debían decidir entre el incondicional amor por la propia patria y la indigna amenaza de ser expulsados de la Unión Europea en caso de que conquistaran la independencia. Los admiraba cuando me repetían, seguros: «No sucederá, permaneceremos en la Unión, pero aunque ocurriera, amamos más la libertad de nuestra patria.» Me parecía volver a los tiempos de Solidaridad, a la propaganda del partido «católico» en el gobierno, denigratoria y hostil, que trataba de impedir el nacimiento de un Estado independiente bajo la presión de esa amenaza: «Os echaremos de la Unión y ya no os permitiremos volver a entrar.» En el pasado los catalanes eran llamados de manera despreciativa «polacos». Debo decir que siempre han llevado con dignidad ese sobrenombre, quizá por la misma tensión hacia la libertad que era propia de ambas naciones.

Admiro al pueblo catalán. En ellos he revivido la lucha, los ideales y el amor de los polacos por la independencia de la propia patria y por la expresión de los propios orígenes. Un amor que siempre me ha sorprendido, que procede quizá de la sensibilidad hacia todos aquellos que están sometidos a vejaciones y a absurdas injusticias. Esta afinidad electiva provenía quizá también de mi trato con los catalanes durante mis estudios romanos. ¡Ay si los confundías con las otras naciones!: defendían y amaban su identidad. Así, aún antes de conocer a mi prometido, me había quedado pegado a la televisión toda la noche para seguir los resultados de las elecciones catalanas que produjeron la inflexión en el proceso para la independencia. En el pasado había vivido algo similar en la Polonia que había abatido el muro del comunismo. Ahora miraba el valor, la determinación y el sentido civil de los catalanes en la extraordinaria lucha que, día a día, llevaban adelante por el propio derecho de autodeterminación sin perder nunca el sentido de la convivencia pacífica. Este pueblo era para mí capaz de cambiar democráticamente la historia y tenía la suerte de tener un presidente imperturbable, que asumía su responsabilidad infundiendo confianza al pueblo. También yo había soñado con infundir la misma confianza en los otros en los momentos tempestuosos, trabajando al mismo tiempo para sujetar el timón de la vida. De aquel pueblo tomaba fuerza también para luchar por mi libertad personal.

En esa nación me sentía libre.

En distintas partes del mundo los homosexuales eran oprimidos y despreciados, mientras que en Cataluña hoy están protegidos por la más moderna de las leyes europeas contra el odio homofóbico, votada recientemente por el Parlamento autonómico. Miraba a ese pueblo orgulloso con cierta nostalgia, porque entre tanto, en Polonia, los que se jactan de los ideales de Solidaridad esparcían al mismo tiempo odio hacia las personas homosexuales, sin suscitar el debido desdén de la sociedad. Esto nos había enseñado la Iglesia: ¡a protegernos del desdén delante de aquel mal!

Mi Polonia debía combatir para no dormirse bajo la sutil dictadura del odio hacia quien es diferente de «nosotros». Era libre, pero no del todo. Era Europa, pero debía luchar para que no le hurtaran los principios de la civilización europea. Debía luchar —lo digo con triste realismo— contra los abusos bizantinos de la Iglesia.

El espejo del cine gay

Internet se convirtió en ese lugar discreto donde podía estar conmigo mismo y conocer un mundo que, al menos, no me odiaba. Fue allí donde encontré por primera vez un asidero en el cine homosexual.

En el videoclip de una canción descubrí por casualidad algunas secuencias de la serie americana *Queer as Folk*. Sentí curiosidad y empecé a apasionarme por una de las obras maestras de la ficción gay. Cada noche abría el portátil y entraba en el mundo de Brian, Justin, Michael, Emmett y Ted, sin olvidar a mamá Debbie y las dos amigas lesbianas Lindsay y Melanie con sus hijos, que fueron para mí fundamentales. No sé cuántas veces habré visto las cinco temporadas de la serie, primero en inglés, luego en español, a veces con el doblaje polaco. Estaba como drogado, dependiente de *Queer as Folk*. En aquellas noches me sentía feliz. No me importaban ciertas críticas a la serie, porque para mí era un salvavidas. Entraba en un mundo de muchachos y muchachas que sentían mis emociones, hablaban como habría querido hablar yo, tenían problemas similares a los míos. Conocía de memoria los chistes de cada episodio. Estar delante del ordenador era para mí como irrumpir en una vida imaginaria, en un sueño prohibido. Paradójicamente, cuanto más tiempo pasaba con estos amigos, más eficaz me volvía en mi trabajo, en mis conferencias. Me volvía simplemente más libre. Por extraño que parezca, esta serie era para mí como una psicoterapia.

En mi vida anterior el cine me parecía una ficción basada en historias irreales. Mirar las películas era una pérdida de tiempo. Me refugiaba en los libros, especialmente en los de temática teológica. Pero en aquellos libros yo no estaba, no me encontraba. No encontraba la vida real, con sus inquietudes, sus dudas. No encontraba una vida a menudo no resuelta, sino articulada por preguntas verdaderas. En los libros de teología solo estaba la perfecta máscara que llevaba con obediencia y con cierta complacencia; por otra parte, ¿adónde habría podido ir? Sin embargo, y contra mis principios, fueron precisamente las películas las que me salvaron de esta máscara. Hoy agradezco a Dios por haberme abierto los ojos sobre este arte que tenía el valor de contar también mi vida.

Mis horizontes sobre el cine gay se ampliaron en poco tiempo. Al uso de internet se sumó una colección de DVD que debía mantener bien escondida bajo llave en el armario (ahora, en el armario, ya no estaba solo... ¡me acompañaban mis películas!). Comencé a moverme en este nuevo mundo, donde reflexionaba, me conmovía, reía cada vez más. ¡Las comedias eran tan relajantes, tan beneficiosas! Me ayudaban a entender cada vez mejor lo que siente hoy cualquier homosexual, que en todas las expresiones humanas, en todos los medios de comunicación, en todas las artes, está obligado a ver representado exclusivamente el mundo heterosexual (es una vergüenza que en las parrillas de las televisiones públicas no estén previstas con regularidad películas que hablen de nosotros). Me daba cuenta de cómo, en nuestro imaginario, no había puntos de referencia, modelos, ningún momento de confrontación. En la vida debíamos encontrarlo todo solos, intentarlo solos, inventándonos a nosotros mismos y, no pocas veces, equivocándonos más que nuestros coetáneos heterosexuales. Nosotros no teníamos un manual de instrucciones para la vida, no teníamos un modelo incluso aunque solo fuera para discutirlo o para rechazarlo. No teníamos nada aparte del ardiente deseo de ser amados y de amar. El único punto de referencia eran el odio, el sentimiento de culpa y la vergüenza. En todo esto el cine me restituía la dignidad que la Iglesia me había arrebatado. Y nunca habría esperado que esta restitución llegara precisamente del cine.

Pero la primera película de todas, que vi en soledad conmoviéndome profundamente, fue *Philadelphia* (1993), que me dejó un sentimiento de miedo ante la idea de lo que habría podido sucederme en el interior de la Iglesia si hubieran empezado a manifestarse los signos de una enfermedad como el sida. Ni siquiera se me ocurría que, al no tener relaciones sexuales, no corría el riesgo de contagiarme, pero estaba aterrorizado simplemente porque me habían inculcado la convicción de que el sida era la enfermedad de los gais, la pena que cumplir por el simple hecho de existir. Solo pensaba que no habría resistido la pesadilla vivida por Andy Beckett, el protagonista de la película, en su lucha contra la institución, si hubiera debido vivirla en mi Iglesia.

La primera vez que fui con alguien a ver una película de temática homosexual fue en Roma, junto a un amigo cura, cuando aún no había visto ninguna muestra de este tipo de cine, convencido de tener que esconder mi deseo como algo perverso. Aquel cura era un buen chico, sensible y romántico, y por tanto sufriente y deprimido. No tenía dudas: era gay, aunque no nos dijimos nada al respecto. Incluso aquella vez, cuando salimos del cine, profundamente conmovidos, después de haber visto *Brokeback Mountain*, de Ang Lee (2005), una verdadera obra maestra, permanecimos en silencio. Solo yo, para acallar el embarazoso grito de aquel silencio, intenté plantear un discurso racional para explicar desde el punto de vista de la moral católica lo que no se podía decir fuera del lenguaje del amor. Pero, como buen teólogo, no conocía aquel lenguaje. La obra de Ang Lee me había turbado, emocionado y, al mismo tiempo, me había hecho feliz. Deseaba besar a aquel amigo, que siempre he pensado que quizás estaba un poco enamorado de mí. También yo lo he querido siempre.

Con otro cura gay italiano vi *Maurice* (1987), después de una espléndida cena: en efecto, él era un cocinero fantástico. Comimos y bebimos; luego me propuso ver aquella película que, en cierto sentido, contaba su manera de vivir la homosexualidad, escondida y furtiva. *Maurice* de Ivory, basada en la novela de E. M. Forster, era «su» película. Un día me dijo que, en el drama de la Iglesia hipócrita, él había alcanzado la tranquilidad. Ahora quería morir así, sin que nadie supiera de él, quizá soñando con un amor, deseando un hombre al que amar, imaginando un mundo distinto que, como bien sabía, no podría darse en el curso de su vida. Era más mayor que yo, y su modo de pensar era el de cincuenta años atrás. Era también un hombre profundamente creyente, un buen sacerdote que había sufrido durante toda la vida. Quiero a ese amigo soñador, sensible y altruista, doliente por la homofobia de la Iglesia, que ahora era también la suya.

Más tarde me enamoré del cine del director turco, pero italiano de adopción, Ferzan Özpetek. Puedo decir que las sobrecogedoras emociones de *El hada ignorante* no me abandonarán nunca, como las que suscitó *No basta una vida*, sin olvidar su increíble debut de hace veinte años: *Hammam. El baño turco*. Gracias a esa película me enamoré de Estambul. De los baños turcos, de los *hammam*, de las saunas ya estaba enamorado antes. Su *Tengo algo que deciros* ha hecho que me rinda, en cambio, a Italia, un país que tenía una urgente necesidad de hacer su salida del armario. Siempre me han conmovido las pasiones y las historias italianas, que parecen proceder todas de un libreto de ópera: me rodeaban, mientras estaba encerrado entre los muros impenetrables de mi oficina vaticana. Por suerte, durante varios años también tuve ocasión de salir y encontrar esas historias de la realidad, durante mis viajes en los fines de semana por las parroquias de toda Italia, islas incluidas (al final solo me ha faltado Lampedusa), como voluntario de la asociación Ayuda a la Iglesia que Sufre, que proporciona apoyo a los cristianos perseguidos en el mundo. Desde entonces no ha cambiado nada en mi lucha contra las discriminaciones.

Siguiendo con Italia, me hizo reír mucho la escena de la salida del armario en *Come non detto*, de Ivan Silvestrini (Como no dicho, 2012), filmada en el barrio de Roma donde vivía. Me emocionaron los dos muchachos protagonistas, un italiano y un español, que se besaban en el Circo Massimo, cerca de mi casa, exactamente allí donde yo también había besado a mi prometido en uno de nuestros primeros fines de semana romanos. Hoy me doy cuenta del peligro que corrimos en aquella ocasión: esa es la zona del colegio de los curas polacos, que pasean por allí a las horas más improbables. Si alguien me hubiera visto, estaría muerto. Por otra parte, el mismo Eduard, con una sonrisa, me advertía siempre en nuestros paseos romanos, cuando quería cogerlo de la mano: «No te descuides, los monseñores recorren las calles para controlar a los otros monseñores. Debes decidir tú el día de tu salida del armario, no se lo dejes decidir a ellos.»

Mientras mi editor espera que revise las últimas pruebas de este libro, mi Italia está afrontando uno de los exámenes más difíciles de su historia, teniendo el Vaticano en casa: después de una batalla extenuante, y a pesar de los ríos de propaganda atroz y amenazas apocalípticas, el Parlamento ha reconocido el derecho a las uniones civiles entre personas como mi compañero y yo. Italia admite ser ella misma, orgullosa y tolerante de las diversidades, valerosa en los derechos humanos que cuestan no poco, abierta y renacentista. El amor vence, no solo en el gran cine italiano.

Pero los estímulos del cine gay me llegaban ya desde muchísimos países del mundo. Los franceses me contagiaron con varias películas de gran sensibilidad: pero quizá la que más me conquistó fue *Una cuestión de amor* (2000), la historia del joven estudiante Laurent y de su feliz encuentro con Cédric en una sociedad respetable y homófoba (con la excepción de la madre de Cédric: ¡una madre maravillosa!).

La lista de las películas americanas e inglesas que han contribuido a mi liberación es larguísima, pero debo recordar al menos «mi» *Últimos días*, así como también *Sacerdote* (1994) y *El seminarista* (2010). *Desnudos como vivimos* (2013) me desgarró el corazón por las dramáticas tensiones familiares, tan cercanas a mi historia. Pero sentía afín a las vicisitudes de mi familia también la serie *Cinco hermanos* (2006-2011), con la amada Sally Field, y la historia de amor de Kevin, y por no mencionar cuánto me relajé con la comedia *Haz la Navidad gay* (2009). El cine canadiense, además, planteaba profundas preguntas sobre las dinámicas familiares en *Mulligans* (2008), plasmando el sufrimiento de un padre de familia que se descubre homosexual y no puede dejar de afrontar esta verdad con sus seres queridos. Algunas películas en lengua inglesa ya habían contado la historia política y social de toda una comunidad y de sus mártires y héroes, como la americana *Mi nombre es Harvey Milk* (2008) o la británica *Orgullo* (2014).

Stonewall, de Nigel Finch (1995), nos hizo volver al 28 de junio de 1969, en el 53 de Christopher Street, en el Greenwich Village de Nueva York, en el bar donde empezó la revolución por la libertad. Cada uno de nosotros tiene en la vida su Stonewall Inn, cada uno debe pasar por su toma de la Bastilla gay. Allí, con aquella temeraria «escuadra» de trans y gay, comenzó la revolución que nos ha permitido amar abiertamente. Allí se pronunció por primera vez el «no» de homosexuales y transexuales a la ofensa institucionalizada de su humanidad. Hoy mi Iglesia necesita urgentemente la misma revolución de Stonewall, la misma salida del armario pública contra el sistema de paranoia antigay. Y estoy seguro: la revolución llegará...

Yo, entre tanto, he refrescado mi vieja pasión por Julia Roberts con *Un corazón normal*, el telefilme americano (2014) que cuenta la historia de Ned y Felix, que con su amor familiar luchan contra la enfermedad y la muerte. «Imagina cómo habría sido vivir juntos, cuando éramos jóvenes, sin miedo impuesto, sin vergüenza», decía Ned. «Todo lo que soñaba en todos estos años eras tú», respondía Felix.

Llegó también el momento en que finalmente entré en el poderoso mundo del cine israelí. Mi guía fue el director Eytan Fox con sus *La burbuja* (2006) y, sobre todo, *Yossi and Jagger* (2002), la triste *Yossi* (secuela de 2012) o la incisiva *Caminar sobre las aguas* (2004). Pero estoy agradecido a los israelíes por las tan fantásticas emociones que me suscitaron *Ojos bien abiertos* (2009), *Caracoles en la lluvia* (2013) y *Alata* (2012), donde el amor gay desemboca en el contexto de una paz tan difícil de alcanzar.

La mayoría de las veces los alemanes me han sorprendido, pero la historia de amor prohibido entre dos policías en *Caída libre* (2013), una especie de respuesta germánica a *Brokeback Mountain*, me ha acercado a mis raíces nórdicas. No se cuentan unas vicisitudes gais ambientadas en la tolerante Berlín, sino el desafío de un amor gay en una pequeña localidad alemana, como aquellas donde yo, en aquel tiempo, solía sustituir a los párrocos durante las vacaciones.

El cine español y latinoamericano representó una verdadera revelación. Parecía avanzar más rápido de cuanto se podría esperar de unas naciones sometidas al yugo de la moral católica. *La mala educación* de Almodóvar (2004), la venezolana *Azul y no tan rosa* (2012), la brasileña *De principio a fin* (2009), la mexicana *Obediencia perfecta* (2014)... Cómo me reía con las divertidas comedias españolas sobre la comunidad gay, que parecían llevarme a otro mundo posible y, sin embargo, tan geográfica y culturalmente cercano a aquel imposible en que vivía. No pienso solo en Chueca, el barrio gay de Madrid que con orgullo formaba parte de la vida normal de la capital española (los gais han resucitado ese barrio antes abandonado). En la sociedad española, los homosexuales habían entrado con todo derecho. Estaré siempre agradecido a este pueblo que, a pesar de sus profundas raíces cristianas, ha sabido construir rápidamente un país tolerante y abierto también para las minorías sexuales. En mi amada España, la Iglesia se había comprometido tanto con el régimen de Franco que luego ya no consiguió imponer los propios retrasos como hacía en otras partes. Así, España se ha salvado...

Más recientemente he abierto los ojos sobre el cine gay en Polonia. *Rascacielos flotantes* (2013), de Tomasz Wasilewski, me dejó paralizado. Aquella noche, después de haber vivido la historia de Kuba, después de haber escuchado los diálogos con su madre y su chica, después de la última escena desesperada, ya no conseguí dormir. Fue precisamente aquella noche cuando decidí que mi madre debía saber al día siguiente quién era yo realmente. Mis seres queridos debían saberlo. Y así sucedió. Empezaba a liberarme, paso a paso.

En el nombre de... (2013), de Małgorzata Szumowska, era el retrato de un cura polaco. Muy pronto me convertí en fan de esta joven directora, a la que admiré desde aquel primer toque discreto con que pintó el odio provinciano contra los minusválidos, tan similar al que sufrían los judíos o los gais, en un lugar donde las personas distintas merecen solo violencia y discriminación. Me gustaría mucho que Szumowska, con su extraordinario genio, continuara contando las tensiones de las historias gais en este mundo.

En efecto, hasta el cine polaco, con valor y empeño, ha empezado a decir lo indecible.

Otros tres pasos en busca de mí

Durante mucho tiempo no supe dónde buscarme a mí mismo.

Durante años había permanecido sepultado dentro de mí, en el silencio de una autoestima cada vez más baja. La Iglesia no me ayudaba a encontrarme, más bien me pisoteaba con la excusa de que quería ayudarme... a lo grande. La Iglesia me enseñó a mentir sobre mí mismo y frente a mí mismo. Mentir sin tratar de entender.

El cine gay fue para mí como un primer abrazo, el primer cara a cara con la vida real. Di el segundo paso en la misma dirección gracias a la literatura. Me di cuenta de que desde hacía años ya no leía novelas, sino solo libros de teología o filosofía. Estaba entre libros, que no eran, sin embargo, libros sobre el ser humano, sobre sus historias, sobre los rostros de las personas verdaderas. Empecé, por tanto, a comprar libros de temática homosexual. Hoy me veo ridículo pensando en cuando, aterrorizado de que alguien me reconociera, elegía los textos en la librería Feltrinelli de Roma y los pagaba en metálico, para que nadie pudiera vincular aquellas adquisiciones a mi tarjeta de crédito. En esa librería hubo, durante un cierto tiempo, un rincón llamado «Arco iris», dedicado a los libros gais. Me acercaba a aquel lugar prohibido como un gato, bien atento a que nadie me siguiera, seleccionaba furtivamente un libro y me trasladaba a otra zona (menos «culpable») para leer la solapa. Tiempo después la librería, por desgracia, eliminó esa sección, quizá para «proteger» la moral o acaso porque no había bastantes clientes que tuvieran el valor de acercarse.

Nunca podré olvidar la importancia que tuvo para mí Christopher Isherwood. Lo conocí gracias a la película de Tom Ford, extraída de la que se considera una de las primeras grandes obras maestras de la literatura gay contemporánea, *Un hombre soltero*, un libro que me ha formado profundamente.

Desmond Hogan ha sido un compañero fiable en un mundo hostil y contradictorio totalmente irlandés. Con sus relatos me ha recordado el dolor que ha infligido el catolicismo. Sin embargo, ese mismo país, martirizado por la pedofilia del clero católico, el 23 de mayo de 2015 reconoció la plena dignidad y los derechos humanos de las personas homosexuales al matrimonio y al amor, gracias a un referéndum nacional, el primero del mundo. La gran Irlanda se ha revelado a la vanguardia de la humanidad, mientras que el Vaticano —por boca de su secretario de Estado y sin medias tintas— la acusaba de apuntar una derrota para la humanidad, pero quizás así solo intentaba desviar la atención de las propias y reales derrotas.

En *Hotel de Dream*, Edmund White me abrazó con el dolor de un escritor gay que al morir había dejado una novela autobiográfica a sus herederos para que la publicaran, pero ellos habían decidido quemarla para proteger su buen nombre. El genio de White ha ofrecido luego muchas otras extraordinarias novelas y relatos: *Chico de ciudad*, *Caos*, etcétera.

Con *Una casa en el fin del mundo*, Michael Cunningham me hizo vivir el drama de un cuarentón que, como yo, tenía un trabajo, una carrera prometedora, el bienestar económico y una esposa. Lo tenía todo, pero le faltaba algo fundamental. Descubrió que era gay.

La línea de la belleza, de Alan Hollinghurst, es una novela que podría ser transportada directamente a la sociedad romana de hoy, añadiendo, a la hipocresía de la ambientación británica, el color de las vestiduras eclesiásticas.

En la tocante *Testigo* (2015), un escritor polaco, Robert Rient, me contó su liberación gay, una fuga de la presión mental de los testigos de Jehová, confesión a la que estaba adherido con su familia (es un verdadero pecado que los católicos y los testigos de Jehová no dialoguen entre ellos: sobre la homofobia se descubrirían enseguida hermanos).

Pero, además del cine y la literatura, el descubrimiento de mí mismo llegó también de la música, que fue el tercer paso hacia mi liberación. En ese ámbito se me abrió todo un panorama de divas que me gustaban y que no tardé en saber que eran reconocidas como iconos gais. Creo que todo comenzó con Rocío Jurado y su concierto de despedida en 2006 antes de desaparecer por un cáncer; luego descubrí a Mónica Naranjo, Alaska con su dúo Fangoria, para continuar solo con las cantantes españolas. Bien, debo añadir a la mexicana Gloria Trevi con su canción *Todos me miran*. Cuánto envidié, luego, a Tiziano Ferro cuando dio voz a su valiente salida del armario a través de un libro.[57]

Di luego el cuarto paso hacia la liberación gracias a mis estudios secretos sobre la homosexualidad. Desde hacía tiempo, este tema era objeto de estudios serios y rigurosos en todo el mundo, del todo desconocidos por nosotros, «protegidos» por la Iglesia. Empecé así a devorar libros españoles, franceses, ingleses e italianos. Los primeros fueron quizá los de Marina Castañeda, que descubrí en la librería Fnac de París, a partir de su *Comprendre l'homosexualité. Clés et conseils pour les homosexuels, leurs familles, leurs thérapeutes*.[58] Me sirvió para abrir los ojos sobre cómo las mentes libres pueden afrontar seriamente el asunto de la orientación sexual.

Luego vinieron Judith Butler, Monique Wittig, Teresa de Lauretis, Adrienne Rich, Eve Kosofsky Sedgwick, Paul Beatriz Preciado...

... José Ignacio Baile Ayensa, Francis M. Mondimore, Juan Antonio Herrero Brasas, Kenneth James Dover, Jacques Fortin, Pierre Bourdieu, Óscar Guasch, Gerard Coll-Planas, Pablo Fuentes Hinojosa, Vanessa Baird, Alicia Gallotti, Susana López Penedo...

---

57. *Trent'anni e una chiacchierata con papà*, Kowalski, Milán, 2010.
58. En español: *La experiencia homosexual*, Paidós, México, 1999.

Los textos de Daniel Borrillo ampliaron cada vez más mi conciencia, pero también encendieron mi ira frente a la homofobia.[59]

Didier Eribon me introdujo con su competencia en el mundo de la cultura y de la literatura homosexual.[60]

Global Gay, de Frédéric Martel, me hizo sentir en el centro del mundo y de la historia, que avanzaba finalmente para conquistar la libertad de las personas oprimidas: era *la mondialisation de la question LGBTIQ*.[61]

El autorizado académico francés Dominique Fernandez me llevó de la mano al panorama del arte gay, con *L'amour qui ose dire son nom*.[62]

Empecé a dialogar con un mundo nuevo, desconocido, que mi Iglesia hacía invisible. Tal como antaño dialogaba con Tomás, ahora había emprendido un fantástico viaje in-

---

59. Cfr. *L'homophobie*, Presses Universitaires de France, París, 2000. Sobre este tema me iluminaron también Éric Fassin, Gregory M. Herek, Gabriel J. Martín, Juan Cornejo Espejo, María Mercedes Gómez, como también Louis-Georges Tin con su *Dictionnaire de l'homophobie* (PUF, París, 2003), y muchos, muchos otros.
60. Cfr. *Réflexions sur la question gay*, Fayard, París, 1999, pero también el fundamental *Dictionnaire des cultures gays et lesbiennes*, Larousse, 2003, a su cuidado.
61. *Global Gay. Comment la révolution gay change le monde*, Flammarion, París, 2013. Sobre el Vaticano, al que él, elegantemente, solo había dedicado unas palabras: «*L'homophobie militante du Vatican*», sentía el deber de decir algo más.
62. *L'amour qui ose dire son nom. Art et homosexualité*, Stock, París, 2005. Cómo me faltaba toda la parte de los Museos vaticanos...

terior, aún con una cierta dosis de duda y de incerteza, pero con el profundo placer intelectual del descubrimiento.

El descubrimiento era yo, hasta aquel momento hombre de un régimen obtuso e ideológico, encerrado en su manera de pensar.

La religión también para los gais

El quinto paso me llevó, por distintos caminos, a un mundo que ya era mío: la religión.

Empecé a encontrar algunos autores creyentes que reflexionaban sobre la conciliación entre ser homosexuales y cristianos. Las obras maestras pioneras de John Boswell[63] y el volumen más reciente de Mark Jordan[64] tuvieron el absoluto mérito de reinterpretar la historia de la Iglesia según la perspectiva de la homosexualidad. Siempre he admirado su aproximación libre de prejuicios y proyectada sobre el hoy y el mañana.

---

63. Cfr. *Christianity, Social Tolerance, and Homosexuality* (1980); pero también *Recovering gay history. Archetypes of gay love in Christian history* (1982).
64. Cfr. *The Invention of Sodomy in Christian Theology* (1997); *Recruiting Young Love: How Christians Talk about Homosexuality* (2011) y también *The Silence of Sodom: Homosexuality in Modern Catholicism* (2002), todos publicados por University of Chicago Press, Chicago. Una reflexión paralela, pero desarrollada desde otra perspectiva, fue la de Louis-Georges Tin con su volumen *L'invention de la culture hétérosexuelle*, Autrement, París, 2008.

Nunca había creído que, como durante siglos había sostenido la Iglesia, fuera la voz de Dios la que condenara la naturaleza de los homosexuales, personas a las que había creado. Boswell me presentó, finalmente, una Iglesia más atenta al hombre, a su misterio y también al Evangelio, que afirmaba querer servir en este mundo. En sus textos analiza los primeros siglos de un cristianismo más discreto y prudente, pero también más aguerrido en la defensa del amor de Dios, en vez de en el odio al amor humano. Jordan señala, en cambio, la Edad Media como el período en que se originó el odio por el don divino de la sexualidad humana. Detrás del odio y la persecución puesta en práctica por la Iglesia no estaba la voz de Dios.

Me reconocí a mí mismo en el libro de Daniel A. Helminiak *What the Bible Really Says about Homosexuality*.[65] El autor era, como yo, un joven cura diligente que enseñaba en la Universidad Gregoriana de Roma, antes de admitir que era gay y firmar de esta manera su condena por parte de la Iglesia. Hoy, con más de setenta años, se ha ganado una merecida fama de conferenciante, teólogo y psicoterapeuta en Estados Unidos. Con sus escritos me ha ayudado también a mí.

Estos y otros libros me abrieron nuevos horizontes sobre el mundo de los teólogos y de las teólogas, religiosos y laicos, que han estudiado el mar de la homosexualidad con seriedad: pero para la Iglesia estas personas no existían y su memoria estaba condenada a desaparecer. Algunos fueron vapuleados por el santo oficio, que les vetó enseñar, otros fueron víctimas de un silencio homicida.

65. En español: *Lo que la Biblia realmente dice sobre la homosexualidad*, Egales, Barcelona, 2003.

Muchos de ellos, con enorme valor, han abatido el muro de miedo que nos tenía separados de la realidad: John J. McNeill, James Alison, James F. Keenan, Todd A. Salzman y Michael G. Lawler, Marciano Vidal, Ariel Álvarez Valdés, Stephen J. Pope, Xabier Pikaza, Jeannine Gramick y Robert Nugent, André Guindon, Tony Flannery, Charles Curran, Margaret A. Farley, Teresa Forcades i Vila, Andrew Sullivan, Gustavo Irrazábal, Lisa Fullam, John Giles Milhaven, John P. Edwards, Franco Barbero, y varios otros. Cada uno de ellos me ha regalado la paz del cristianismo libre de homofobia y otras tentaciones persecutorias hacia las diversidades. Me entristecí cuando en septiembre de 2015, a la edad de noventa años, murió el padre jesuita John J. McNeill, obviamente desde hace años suspendido del ministerio sacerdotal y duramente perseguido por el santo oficio: fue uno de los más importantes defensores de los derechos LGBTIQ en el mundo católico, involucrado en la asociación americana Dignity, que reúne a personas gais creyentes. En 2008 se casó con su pareja, Charlie Chiarelli, con el cual estaba felizmente unido por una relación de amor que se prolongó durante cuarenta y seis años. Murió, por desgracia, antes de mi salida del armario. Él sí que presentaba la cara humana de mi Iglesia: ya estaba inscrito en su historia gloriosa, la había inspirado poderosamente; en este punto, ahora solo podemos desear que la Iglesia lo comprenda; espero que llegue también ese día. Sucederá exactamente como sucedió con el padre Pío: primero perseguido inhumanamente por el santo oficio, luego santo y rehabilitado.

Algunos autores que han escrito sobre el drama de la moral católica han sido iluminadores y, extrañamente, no siempre han sido llamados a responder ante el santo oficio:

una cosa sorprendente, porque se daban todas las condiciones para hacerlo, pero quizá los salvó el desorden y la superficialidad que reinaban en el supremo oficio de la Iglesia. Desde hace años, a través de las publicaciones o en las clases, estos autores se acogían a la acepción positiva de la sexualidad, entendida como parte integrante de la personalidad y de sus expresiones en el amor y en el sacrificio de la vida. Reflexionaban sobre el indispensable valor del sexo para el desarrollo humano. Denunciaban cómo la teología oficial y el magisterio de la Iglesia se habían adecuado durante siglos a la interpretación pagana y estoica del sexo y de los afectos humanos. Ese influjo prepotente afectó primero a la escolástica y luego a las distintas doctrinas oficiales del magisterio de la Iglesia, sometiendo todo el desarrollo sexual de las personas a la procreación como el objetivo de la sexualidad y de toda relación amorosa.

Esos autores captaron que gran parte de lo que la Iglesia siempre ha pretendido enseñar sobre la ética sexual está plagado de contradicciones, omisiones e incoherencias. Mostraron cómo la Iglesia dejaba de lado la conciencia de las personas; ignoraba la identidad de género y la orientación sexual; permanecía anclada en sus inmutables creencias y perdía, así, totalmente de vista la dinámica de la existencia. Destacaron el hecho de que la Iglesia no había emprendido ningún diálogo con las ciencias humanas y, en cambio, se había obstinado en ser destructiva en lo relativo a la humana búsqueda del amor y de la realización personal. Un veneno prepotentemente inoculado por los distintos niveles de la Iglesia, que ha terminado por parecerse cada vez más a una secta violenta o una institución cuyo único objetivo era la intimidación de los propios seguidores. La receta de la ética social era la siguiente: suscitar en los fieles frustración y angustia para impedirles ser libres y creativos en la intimidad.

Por fin, entre los teólogos empezaron las primeras y tímidas revisiones, puntualmente acalladas o ignoradas por las jerarquías en un silencio redundante. Una persona, para desarrollarse, debería poder experimentar libremente amor por el otro, sin restricciones impuestas desde el exterior. Pero, a su vez, el sentimiento de amor solo puede nacer si la persona experimenta primero un sano amor por sí misma, si se acepta en la propia orientación sexual. Es mejor no dar algo que se odia: el don de una sexualidad odiada se convierte en veneno para los otros. Así, la Iglesia envenena estas relaciones humanas que implican a todo el individuo con su inteligencia, emotividad y espiritualidad. El gran misterio del deseo sexual nunca podrá ser reducido al mero deber de la procreación a que la Iglesia lo ha reducido. A esto añádase que, si Dios ha dado a todos el deseo sexual, luego no puede negar ese don a los homosexuales o a los transexuales, como si fuera una monstruosidad alejada de la naturaleza de la vida.

El encuentro con esos teólogos y teólogas me obligó a tomar distancia de otros maestros. En primer lugar, de santo Tomás de Aquino, al que ahora veía como uno de los principales culpables del «biologismo» de la moral católica, ya no defendible. Con mi prometido fui un día a visitar su tumba en la iglesia de los Jacobinos en Tolosa. Eduard me dijo que se alejaría un par de minutos. Al principio no entendí por qué había considerado útil dejarme solo ante la tumba. Luego me quedó claro: ya me conocía muy bien y por eso quería dejarme aquel momento de soledad mientras me despedía de un maestro. Eduard era consciente de las consecuencias que habían tenido en mi vida sus doctrinas. Al mismo tiempo, no conseguía entender por qué Tomás había planteado un concepto de ley natural y de sexualidad tan rígido, dado que los homosexuales (los «forajidos», según la ley natural) no eran desde luego pocos entre sus hermanos dominicos.

Me demoré en su tumba. Mientras tanto, Eduard vagaba por la Iglesia vacía. Yo, inmóvil, delante de aquel que ya no era para mí un maestro en quien confiar, me sentía conmovido y preocupado: a Tomás debía buena parte de lo que era, de mis máscaras y rigidez. Quería despedirme, pero tenía miedo de admitirlo, de dejar de admirarlo para siempre. Y así viví un momento místico de libertad. Una luz, una claridad, una intuición. De pronto, me sentí feliz y ligero, consciente de que me quitaba un peso de encima. Casi me pareció que Tomás estaba de acuerdo. Una vez que saliera de aquella Iglesia, ya no volvería a sentir aquella fe en el mayor pensador del cristianismo. Aún tendría que repetir algunos de sus eslóganes durante las clases universitarias que me quedaban, pero ya mi máscara se estaba cayendo a trozos.

En realidad, de Tomás apreciaba muchas cosas, pero ya no albergaba dudas de que su sistema había consagrado una de las peores formas de discriminación de la historia, la promovida por la Iglesia contra los gais basándose en la justificación tomista de la ley natural. He aquí lo que quería decirle aquel día en Tolosa, sancionando una especie de divorcio espiritual de un hombre con el que había pasado toda mi vida adulta. Por fin era libre y feliz, sin resentimiento.

El «biologismo» católico fundado en la teoría de la ley natural es la guarida de las contradicciones: de esto, Tomás es enormemente responsable. Como también es indiscutible la responsabilidad de Pier Damiani.[66] Pero es sobre todo el genio de Tomás el que fijó la doctrina. En su óptica «naturalista», la única relación sexual posible sería con el fin de engendrar un hijo o una hija (mejor un hijo...). Por eso el pene, gracias a la erección, se adaptaría perfectamente a la vagina, y basta: y aquí hemos llegado al núcleo del pensamiento católico, devoto y simplista.

En este cuadro, el placer femenino, dado por el clítoris, ofrecería una nueva confirmación del hecho de que la única actividad sexual posible sea la orientada a la concepción. ¡Lástima que también la próstata masculina haya sido creada de tal modo que recibe las sensaciones de placer! Si todo está inscrito con minuciosidad en los distintos órganos, ¿por qué no aplicar el biologismo en su totalidad? Pero, claro, todo cambia si se descubre que la sexualidad no es un simple asunto de clítoris o próstata, sino que concierne más a nuestra mente, a nuestros sentimientos y deseos afectivos. Por otra parte, los fariseos que gobiernan la Iglesia, a pesar de que apelan al biologismo, en apariencia siguen sin haber leído ni siquiera los manuales de biología y de sexología de los siglos XIX o XX. Pero bastaría pensar en toda la historia del naturalísimo placer del orgasmo en el

---

66. El monje benedictino Pier Damiani (1007-1072) escribió un texto paranoico titulado *Liber Gomorrhianus* (1049), en que propugnaba la persecución y la eliminación de todos los gais, considerados animales o demonios, comenzando por el clero mismo. El libro fue dedicado al papa León IX. Se dice que el pontífice, incómodo por esa dedicatoria, no aplicó las propuestas de Damiani, quizá porque... ¡correría el riesgo de quedarse sin clero!

hombre o en la mujer, en busca de la excitación sexual, para plantear varias dudas sobre la única ley sexual verdadera según la Iglesia (la natural, por no decir desnaturalizada). El problema es que el magisterio eclesiástico no acepta divergencias de su modelo de sexualidad y las considera, todas ellas, «desviaciones». Sin embargo, estas diversidades existen, como demostró ya hace mucho tiempo Kinsey (no considerado fiable por nuestras jerarquías). Gracias al cielo no somos todos uniformes en la sexualidad, como querría la Iglesia paranoica: es más, precisamente en lo más íntimo de nuestra sexualidad somos todos y cada uno diversísimos (¡un poco de fantasía, por favor!).

En efecto, la realidad es aún menos banal y previsible. La vida sexual de las personas no es una automática aplicación de la biología. El sexo no concierne solo a los orificios del cuerpo, sino también —mira por dónde— a las emociones, los sentimientos y el amor. El cerebro es el primer órgano sexual de la persona. En su psique hay algo igualmente decisivo para el sexo que no se limita a la biología. Foucault escribió sobre este tema algunos ensayos extraordinarios, pero él, como se sabe, era gay, poco fiable y decididamente anticatólico (¡con él no se habla!).

Hoy el concepto de naturaleza ha evolucionado profundamente y ya no hay suficientes razones para sostener la ley natural como la concebía Tomás, a su vez influido por el rigorismo de Agustín de Hipona. En la Iglesia ya solo ha quedado un último argumento contra la homosexualidad, por lo demás débil e incierto: la lectura fundamentalista de algunas páginas de la Biblia. Pero allí solo se habla de homogenitalidad entre varones, desconectada de la natural orientación sexual, y por lo demás no hay ninguna condena de las relaciones lésbicas: por tanto, ¡¿se podría desde ahora cerrar un ojo al menos sobre estas últimas?! Por otra parte, a muchos varones católicos les agrada ver a dos mujeres que se besan.

De todos modos, ya sería bueno que la Iglesia impusiera los dictámenes «revelados» por Dios solo a sus seguidores, siempre que estas divinas «condenas» no se proclamaran fuera de los templos. En cambio, escudándose en la idea de ley natural, esta continúa exigiendo que todos los hombres y las mujeres del planeta pongan fuera de la ley la homosexualidad. Sería de gran ayuda para la Iglesia escuchar a los hermanos evangélicos o anglicanos, muchos de los cuales ya han dado pasos de gigante para superar las interpretaciones equívocas de la Biblia sobre la sexualidad. Sería un fascinante trabajo de crecimiento por parte de una gran Iglesia como es la católica. Pero la Iglesia católica sigue adormecida.

En la congregación trabajaba mucho, por eso me nombraron también secretario adjunto de la comisión teológica internacional, que debería reunir a la flor y nata de los teólogos católicos. Un teólogo de aquel grupo escogido, siempre bastante bronceado y con una visión muy clara del mundo circundante (considerado casi diabólico), queriendo denunciar los inconvenientes de la era moderna, nos contó una anécdota. Una vez, utilizando el traductor automático para transponer del francés al italiano tropezó con la frase: «*Il faut tenir présent l'expérience de homo religiosus*», y se encontró leyendo: «*Bisogna tenere presente l'esperienza dei religiosi omosessuali.*»[67] En este pun-

---

67. En francés: «Es preciso tener presente la experiencia del *homo religiosus*»; en italiano: «Es preciso tener presente la experiencia de los religiosos homosexuales.»

to, tras escuchar el hecho, todos los presentes habrían debido reír con él, pero también deplorar aquel traductor automático que no tenía ningún respeto por el hombre religioso, insinuando acaso que los monjes eran los primeros homosexuales del planeta (cosa no tan alejada de la verdad...). Pero los obispos, los sacerdotes y los monjes presentes no rieron en absoluto. Aquel error tocaba casualmente el punto flaco de la Iglesia: la afligida, pero importante, presencia de los religiosos homosexuales entre nosotros. Es una realidad que debe ser tenida en cuenta: verdadera, es más, muy difundida. Ya no es posible negarla, no se puede construir la *religio* mintiendo sobre la naturaleza humana. Ya no se puede ofender, ignorando, denigrando y aniquilando a los religiosos homosexuales. Lo había sugerido un traductor automático, una máquina, mientras que la Iglesia odiaba incluso el mero hecho de pensarlo, plena de miedo de sí misma y de los propios funcionarios, homo y heterosexuales, sometidos a la innatural cancelación de la propia sexualidad y a la imposición del celibato.

La Iglesia se permite criticar la revolución sexual, insinuando que el mundo habría sido más feliz de poder continuar por el camino trazado por el pasado. A mí me parece que la humanidad no se encontraba en una condición tan idílica cuando la Iglesia gobernaba férreamente las conciencias y las sociedades enteras. No me parece que los hombres fueran tan felices en el amor cuando el mundo cristiano imponía sus vínculos sobre el sexo y sobre el cuerpo, con los complejos psicológicos y las correspondientes penas, las tantas formas de sumisión y las discriminaciones, con los matrimonios contraídos solo delante de Dios, sin amor, con la defensa de la moral pública impuesta por la Iglesia. La historia de la sexualidad en Occidente está en gran medida marcada por el tremendo influjo de la Iglesia y sometida a las indiscutibles directrices de los confesores que condicionaban las conciencias.

La Iglesia, que hoy se erige en defensora de los niños de las parejas gais o lesbianas, difunde calumnias sobre la vida de las familias «arco iris», cuenta falsedades sobre la fecundación in vitro e infunde miedo con previsiones apocalípticas sobre los daños a la sociedad que se generarían por el respeto de los derechos civiles. Nunca se ha preocupado de analizar las consecuencias de su gestión de la sexualidad, de la vida y del amor, reconducidos durante siglos a relaciones esclavistas. Esta Iglesia prohibía el amor entre dos personas, vetando los matrimonios mixtos entre personas pertenecientes a diversas confesiones cristianas, o a etnias diferentes. Vetaba la libertad de la mujer de defenderse de la violencia, para no romper el sagrado vínculo del matrimonio. Solo la muerte o el suicidio podían liberar a las personas de este infierno de la buena conducta y de las buenas costumbres, de la defensa del mundo contra cualquier escándalo.

¡Ojalá la Iglesia se hubiera preocupado por unos hechos como los de Philomena! Creo que todo católico, antes de permitirse querer corregir este mundo, debería empezar a reflexionar sobre la historia que, gracias a Dios, ya va quedando atrás. Creo que todo católico debería leer *Philomena*, de Martin Sixsmith, o ver la película que Stephen Frears hizo con la insuperable Judy Dench en 2013. Creo que todo católico debería verter al menos una lágrima sobre esas páginas o delante de esas escenas.

La Iglesia nunca se ha preocupado del crimen que cometía sustrayendo los hijos de las madres jóvenes, para evitar el escándalo moral, y dándolos luego en adopción a padres católicos y muy ricos, lo bastante como para pagar a las monjas para obtener a ese niño. Esas madres, a las que obviamente se les había vedado abortar, quedaban luego reducidas a la condición de trabajadoras esclavas para expiar el pecado del propio placer sexual. Hoy esta Iglesia nos persigue porque nuestra manera de dar amor a los hijos no es de su agrado. Es posible que esta manera no sea perfecta (claro, porque en las cuestiones humanas nadie es perfecto), pero la Iglesia debería ante todo ocuparse de los modelos «perfectos» que ha impuesto en el pasado. De sus métodos, a menudo criminales, en vigor hasta hace pocas décadas. Que la Iglesia deje de borrar su memoria y de interferir en nuestra vida. Que empiece a pagar los daños morales que ha infligido, que empiece a implorarnos perdón por las aberraciones que cometió ella misma o que alentó en muchos países.

Cuando hace treinta años Juan Pablo II dijo finalmente algunas palabras sobre la importancia del cuerpo humano, disminuyendo un poco el eterno complejo católico, a la Iglesia le pareció que no era una novedad y, por tanto, continuó impertérrita combatiendo la libertad sexual en la era moderna. Quizá la revolución sexual, la liberación de la persona del complejo del sexo no fue positiva en todos sus aspectos, ¡pero tampoco era tan inocente la revolución cristiana con que la Iglesia ha gestionado el gobierno de las almas y de los reinos durante siglos!

El mundo plasmado por la moral católica no era tan inocente como consideraba la Iglesia, que solo tendría derecho a analizar la propia historia y pedir perdón, pero no a criticar la libertad sexual, conquistada incluso con las luchas sobrehumanas de mis valerosos amigos gais durante décadas. Solo tiene el deber de hacer un análisis crítico sobre lo que ella ha producido durante siglos en el misterio de las conciencias, instilando el veneno de sus imposiciones. Esta respetada y secular Iglesia católica ya no tiene derecho a criticar.

Solo tendría derecho a tomar una bocanada de aire, conmoverse y empezar a convertirse a la humildad, pidiendo perdón por los propios pecados contra la libertad y la identidad sexual de las personas.

Solo tendría derecho a conmoverse...

Mi salida del armario

Si hace apenas unos pocos años alguien me hubiera dicho que yo no tardaría en salir del armario, me habría reído abiertamente, pero con cierta dosis de velada desesperación. Salir a la luz del sol y dejar la Iglesia era para mí algo impensable.

Creía que mi madre, una mujer sinceramente creyente, se habría sentido muy mal ante tal confesión, como si ya no hubiera sufrido bastante en la vida. En realidad, revelarme a mis familiares, *in primis* a ella, no me parecía ni siquiera necesario: ¿de qué serviría, dado que llevaba tiempo viviendo lejos? Y, sobre todo, sabía que esta noticia le ocasionaría un padecimiento inaudito, que bajo ningún concepto quería causarle.

Un amigo que me conocía bien me sorprendió un día diciéndome: «Tu madre te quiere y, por tanto, debería saber quién eres. Tendrías que pensar en la forma de hablarle de ti.» Me estaba sacudiendo del sueño de toda una vida. Empezaba a entender que no podía dejarla a oscuras hasta el momento de mi salida del armario pública.

Al margen de mis decisiones sobre el futuro, comenzaba a sentir cada vez con mayor urgencia la necesidad de desvelarme precisamente a ella. Ni siquiera me pregunté si podía comprenderme. Dentro de mí se afianzaba como una necesidad ya inaplazable. En el pasado no entendía a esos gais que no conseguían vivir sin declararse, y que, por tanto, como guiados por un impulso irracional, gritaban al mundo: «Soy gay.» Pero sobre este punto aprendí mucho de la sensibilidad de las ministras y de los ministros de las comunidades cristianas no católicas. Los textos de la Metropolitan Community Churches han sido siempre iluminadores para mí.[68] Entendí que a través de la salida del armario con las personas queridas se abría el camino para salir definitivamente de la pesadilla. Una liberación como ocurre en los sacramentos (donde los creyentes buscan la gracia, la divina energía y la paz): ya no podía vivir sin el «sacramento» de la salida del armario. Sabía que debía empezar por mi madre, la persona que quizá más me amaba desde siempre, pero no sabía cómo evitar que sufriera, habiendo vivido en una sociedad eclesial histéricamente fundamentalista.

Un día le dije a mi madre que debía hablarle, que quería verla para confiarle algo importante. En teoría habría querido esperar la ocasión de una visita a casa, en Polonia: tenía previsto ir a visitarla por su setenta cumpleaños al cabo de un mes, pero no podía regalarle, junto con las flores, una noticia para mí liberadora, pero para ella quizá des-

---

68. Cfr. Mona West, *Coming out as Sacrament*, en *http://mcc-church.org*. Sobre este tema el presbiteriano Chris Glaser ha escrito varios ensayos, entre ellos uno con el mismo título: *Coming out as Sacrament*, Westminster John Knox Press, Louisville, 1998.

garradora. Entonces —precisamente después de la noche en la que vi aquella fantástica película polaca que he recordado antes— decidí no dejar pasar más tiempo. La llamé por Skype. Ella escuchó delante del monitor mi largo discurso, repitiendo solo: «No lo sabía», «¿Por qué no me lo has dicho antes?»...

Se mostró maternal. Con su extraordinaria fuerza interior, con su fe sincera y su inteligencia abierta me ocultó el drama que en aquel momento debía de llenar su corazón. Nunca sabré qué vivió esa noche. Yo había hecho una primera salida del armario y sabía que había abierto un resquicio para la libertad. Esa noche me sentí feliz, libre, verdadero. En otra llamada, también esta a novecientos kilómetros de distancia, me esperaba mi prometido, que me apoyaba. La segunda parte de la noche la pasé al teléfono con él. Mi madre ya sabía que estaba prometido: estaba enamorado de un hombre y él me amaba. Mi liberación avanzaba.

Con posterioridad, escuchando los relatos de mis amigos gais que se habían revelado a sus padres, estuve aún más satisfecho de mi madre. Me sentía orgulloso de ella. Sabia, prudente, creyente, sufriente, madre... Gracias a ella, había hecho una primera salida del armario digna y liberadora.

Pero este era solo un primer paso para mí. No sabía ni podía imaginar exactamente qué me esperaba si osaba declararme públicamente contra lo que afirmaba mi Iglesia.

Ni siquiera sabía cómo reaccionaría mi madre, a largo plazo, ante mi verdad. En la salida del armario le había hablado sin parar del dolor que me había impuesto. En un momento dado ella me sorprendió con la pregunta: «Cuando te ordenaste y elegiste tu lema que hablaba de la verdad, ¿ya pensabas todo esto?» Todo cura, con ocasión de la ordenación sacerdotal, elige una frase de la Biblia como lema y la imprime sobre una estampa que después distribuye entre parientes y amigos. Mi imagen era el Buen Pastor de las catacumbas mientras que la frase era: «Conoceréis la verdad, y la verdad os hará libres» (Juan 8, 32). «*Veritas vos liberat*» era el lema de los templarios y ahora resumía mi proyecto de vida. Pero, en aquel tiempo, solo pensaba en la verdad de Dios que debía iluminar todas las otras, olvidando la verdad del hombre. Me concentraba sobre la única verdad del Otro, olvidando la verdad del hombre. La Iglesia imponía esto y yo lo creía incondicionalmente. Hoy sé qué verdad puede hacerte libre: tu verdad, que forma parte también de la verdad de Dios, porque es querida, creada y amada por él.

La idea de cómo mi madre podría convivir con esta verdad me preocupaba. Me volvió a la memoria el recuerdo del padre de un cura, muerto poco después de que el hijo dejara la Iglesia. Estaba enfermo, pero siempre he imaginado que, después de la decisión de su hijo, él, muy comprometido con la Iglesia, ya no había tenido fuerzas para luchar contra la enfermedad, también porque ya no habría tenido espacio en aquel ambiente que culpabiliza incluso a los parientes. Los católicos saben aplicar al pie de la letra la antigua ley judaica de la culpabilidad corporativa; los pecados de los padres recaen sobre los hijos y viceversa: los padres serían estigmatizados, rechazados y despreciados por lo que había hecho su hijo. Él no había hecho nada malo, pero la Iglesia borraría todo su rastro y sus familiares se convertirían en leprosos como él. En mi mente resurgieron estas imágenes del pasado, que me hacían temer que también mi madre sufriría y sería condenada al ostracismo: la gente, escandalizada, empezaría a negarle la palabra, a culpabilizarla por errores ajenos, alejándola con disgusto.

Después de mi salida del armario mi madre empeoró. Le costaba caminar y ya no se reía. Su rostro era melancólico, noble, silenciosamente sufriente. Yo no sabía cómo ayudarla. Sabía, en cambio, que no podía renunciar a la explosión de la verdad que ya no conseguía esconder, aunque no quería hacerle daño. La amaba demasiado, pero no podía pagar ese amor con la sumisión a la hipocresía eclesial. Quizá también yo confiaba demasiado poco en la bondad escondida de la gente, aunque manipulada por las jerarquías de la Iglesia.

La salida del armario con mi hermano fue una nueva revelación y me regaló otra de las noches más felices de mi vida. Fue una liberación sentimental, una explosión de vida renovada, una inyección de confianza. Me dijo: «Nunca sabemos cómo reaccionarán los hombres ante la verdad hasta que no la decimos. Es preciso tener confianza, porque la vida nos reserva muchas sorpresas.» Él fue una de las sorpresas, mi madre otra, sobre todo cuando empezó a mejorar o al menos a luchar por su salud. Volvió a sonreír y a hablar. Entre tanto, descubrí que mi hermano no solo no me rechazaba, sino que también ayudaba a mi madre a superar las inquietudes de aquel tiempo.

La salida de armario con mi hermana me dio la misma explosión de alegría. Fue como un nuevo nacimiento, un verdadero «sacramento» de gracia. Empezaba a ser libre gracias a mis seres queridos. Decididamente me han dado más que cuanto yo haya podido darles a ellos.

«Nunca sabemos cómo reaccionará la gente ante la verdad», decía mi hermano. A veces no nos rechaza, a veces nos salva... Hay que fiarse de las personas... No todos los rostros son deformados e irreconocibles como en las obras de Francis Bacon o de Chaïm Soutine.

Pero hay que decir la verdad a los otros.

La propia verdad...

Finalmente, libre

La verdad significa libertad.

La verdad no es solo una rigurosa y aséptica *adaequatio rei ad intellectum*, una ecuación entre realidad e idea. No solo contiene un concepto universal e inmutable, sin que albergue nada humano. No resume una doctrina gélida y paralizadora.

La verdad rechaza los actos forzados, las imposiciones de la autoridad. La verdad no se deja inculcar con una trampa o con el engaño, exige ser verificada. Se deja buscar continuamente con humildad por parte de los hombres, en cualquier tiempo.

Las personas que buscan la verdad, entre tanto, la experimentan, la viven, muchas veces equivocándose, sin detenerse nunca. Aceptan su inexplicabilidad y su incompletitud. La Iglesia, en cambio, estima que ya no debe tratar de entender nada. En la fobia hacia las personas homosexuales es ella misma la que ha difundido la mentira, demostrándose incapaz de comprender a los seres humanos reales y de confrontarse con las ciencias. Esta imperdonable cerrazón la ha llevado a la negación de la verdad.

La Iglesia ha llegado a negar la evidencia de que la verdad no tiene miedo de ser discutida, debatida y puesta en duda. Era capaz de «no ver» los besos homosexuales que el genio de Miguel Ángel pintó en la Capilla Sixtina, la sede de todos los cónclaves. Dos parejas de varones se besan y una se abraza. Las habían olvidado a medida que quedaban escondidas bajo la capa de suciedad acumulada durante siglos, que se había fijado sobre el fresco. Pero cuando finalmente lo restauraron, esos besos resurgieron en todo su esplendor. Y mostraron una extraña e incómoda verdad.

La verdad de la homosexualidad.

La verdad de los homosexuales, que no solo existen, tienen dones y características que ofrecer a la sociedad y a las religiones, sino que ya no aceptan ser silenciados, escondidos y estigmatizados, vivir medias vidas y medias verdades solo porque una Iglesia ingrata sufre un vergonzoso retraso y está enferma de homofobia.

Los besos homosexuales de la Capilla Sixtina han vuelto a salir a la luz, riendo por encima de las cabezas de los cardenales electores de nuevos papas, para afirmar la verdad. No su verdad, sino simplemente la de quien trata de comprender la misteriosa naturaleza de la persona humana y ya no está dispuesto a esperar a que la Iglesia se despierte sobre este punto. Porque esto continúa siendo imperdonable.

Alguien me preguntará: «¿Qué quieres de la Iglesia? Te lo ha dado todo: los estudios, el trabajo, la carrera y el dinero.» Puedo responder que he logrado conquistarlo todo en la Iglesia. Pero la misma Iglesia me arrebató mucho más, porque se ha llevado mi dignidad, implantó en mí el sentimiento de culpa y de inferioridad. Durante mucho tiempo la secundé, negándome cualquier relación. Me abstenía de ese sexo que la Iglesia vive como una obsesión. Por ella me privé del amor durante años.

Desde luego, no esperaba que, de la noche a la mañana, aceptara plácidamente la institución matrimonial y familiar de los cristianos homosexuales. No soy idealista hasta tal punto, pero tenía la esperanza de que al menos atenuase sus irracionales condenas apodícticas. En cambio, ese cotidiano martilleo, esa humillación continua de las personas LGBTIQ me quitó la dignidad, como si la felicidad debiera residir solo en las familias católicas que nunca han conocido ni divorcio, ni aborto, ni sufrimiento alguno, gracias a la presencia constante de la Iglesia en sus dormitorios. Me retiro porque, en mi caso, yo decido quién va a entrar en mi dormitorio, no el clero reprimido.

Tienen razón los gobiernos, como el francés, que ejercen un control sobre todas las formas totalitarias y fundamentalistas. Tienen razón los estados que ayudan a la Iglesia a no caer en el extremismo, ya que esta, por sí sola, no logra controlarlo. Esa Iglesia, que gestiona y gobierna a sus fieles por medio de la intimidación llevada a cabo por su santo oficio, necesita ella misma de control para que su gobierno no se extienda fuera de sus confines. La Iglesia me arrebató la dignidad a mí como a millones de personas, consideradas desordenadas en su naturaleza, impuras y, por tanto, destinadas a ser eliminadas o al menos mantenidas bien escondidas. Antaño lo estaban, y en varias áreas del mundo católico siguen estándolo los judíos; hoy toca a los homosexuales. Pero en este caso es solo la Iglesia la que merece con pleno derecho los adjetivos indecentes que ha sugerido a sus buenos hijos para que los digan a dos muchachos que se aman y no tienen miedo de besarse.

La Iglesia ha hecho tanto bien en mi vida y en la de muchas personas como ha destruido la paz de generaciones enteras. No tengo dudas de que dentro de cincuenta años conseguirá hacerse perdonar los errores cometidos en los siglos. Quizá dentro de cincuenta años estaré aquí o quizá no, pero ni antes ni después me interesará su falso revisionismo. A mí solo me interesa no desperdiciar mi vida.

Hoy, finalmente, soy libre de escribir «mi» autobiografía. En realidad, es solo una primera piedra de liberación: «La piedra que despreciaron los constructores es ahora la piedra principal» (Mateo 21, 42) del edificio de la nueva vida.

Pero no es «mi» autobiografía completa y definitiva, porque esta requeriría otra y más amplia perspectiva de mi vida. Quizás un día me sea dado escribirla, pero no hoy. Esta solo es «una» autobiografía que quizá recibirá la acusación de estar centrada solo en la experiencia de la sexualidad. Es así porque soy ante todo un hombre hecho de alma y cuerpo. Y los hombres no pueden prescindir de su naturaleza sexuada, no pueden reprimirla y eliminarla, ni siquiera bajo las torturas psicológicas de toda una vida. Deben afrontarla viviendo serenamente su sexualidad.

Pero este libro es también «la» biografía de una Iglesia que domina a las personas, las somete, les inculca el sentimiento de culpa y promete la salvación. «Si renuncias públicamente a tu sexualidad, te salvarás.» ¿De qué querría salvarme? ¿De la felicidad de vivir, de la serenidad, de la aceptación de mí mismo, de la tolerancia, de los artistas gais, de los besos de Miguel Ángel? Tal vez haría mejor en salvar al mundo de su clero reprimido y de sus influjos prepotentes, de sus *lobbies* y de su constante pisoteo de la dignidad de los homosexuales.

Jesús me ha enseñado que para él es importante también cada ser humano (cfr. Marcos 9, 42; Mateo 25, 40). Es la persona la que cuenta, no las masas. Me ha enseñado que su verdad es universal, y por eso no excluye a nadie. El cristianismo no es solo para algunos, y la Iglesia no debería rechazar a nadie porque cada uno de nosotros somos únicos, irrepetibles y necesarios. Nada más lejos de lo que ha demostrado la Iglesia a lo largo de su historia. Ella ha excluido a una buena parte de la humanidad obstinándose en sus propias y desnaturalizadas teorías, que no tienen nada que ver con las verdades de las ciencias. Alguien ha dicho que el dogma es la hipótesis imposible de probar, pero debe ser defendido con ciega obstinación. Con el dogmatismo presuntuoso y ofensivo de la sola existencia de la «naturaleza» heterosexual, la Iglesia ha perdido esa unicidad a la que debía llegar con el amor de Dios. No ha sido capaz de salvar al hombre.

Este libro es un fragmento de la biografía de una Iglesia obsesionada por el sexo, pero prisionera de una esquizofrenia profunda, también enferma de sexo. Parafraseando una ocurrencia del cardenal arzobispo de Viena,

Schönborn, la Iglesia entra solo en el dormitorio de las personas y no visita su salón: más bien debería verlas allí o en la cocina, en el despacho, en la terraza, en el jardín o donde pasan buena parte de la vida. Así quizá conocería a los propios seguidores homosexuales (como también a los heterosexuales) por aquello que de veras son, sin desprecio ni desconfianza. Ella, en cambio, se complace en controlar, mirar de reojo, invadir la intimidad. Sorprendida en flagrante delito, esta policía de los dormitorios no dejará de explicar que solo quería hacer el bien, quería ayudar, quería salvar. La verdad de la Iglesia está totalmente centrada en el sexo. El desequilibrio de mi autobiografía es el desequilibrio de la biografía de la Iglesia.

Un sacerdote gay español, José Mantero, me recordó una frase de Oscar Wilde: «Quien controla la sexualidad controla a la totalidad de las personas.» Es la forma más alta de poder. Lo ha afirmado con fuerza también Michel Foucault. Pero solo la Iglesia ha sabido extraer una regla de ella, tan sagrada como violenta.

Quien controla la sexualidad controla a toda la persona...

Dios ha vencido

Dios ha vencido en mi vida.

Dios la creó y nunca me ha dejado solo. Hoy está conmigo. Me siento más creyente que nunca. Nunca he aceptado la idea de que esta vida se reduce a un camino de un determinado número de años para luego dejar que se pierda al insondable vacío de la nada. Ni Camus ni Sartre han logrado convencerme sobre este punto, aunque en muchos otros me han transmitido una tensión creativa, aquella inquietud que te hace pensar. *La peste*, que leí de joven con gran emoción, suscitó en mí preguntas sobre la fe y sobre el clero que no me abandonarán nunca. ¿Cuántas veces no habré oído dentro de mí el grito del doctor Rieux que, ante la muerte del niño del juez Othon, no habiendo obtenido el milagro solicitado al padre Paneloux, se rebelaba: «No, padre, yo rechazo una idea de salvación en que un inocente es torturado»?

Yo rechazo una salvación que exige que un inocente, nacido gay o lesbiana o transexual o intersexual, sea torturado por las ilícitas extravagancias de la Iglesia. Pero no rechazo a Dios. Él está más allá de la mezquindad de los proyectos salvadores preparados en la tierra.

Creo en la familia, en el amor, en la vida, y la deseo eterna. Creo en la posibilidad de ser feliz, en la naturaleza de las cosas, tan misteriosa como el ser humano. Creo en la humildad de la verdad, que pasa por la experiencia de la vida y que se convierte en la libertad de cada uno. Creo en el hombre, y por eso creo en Dios.

Él ha vencido a través de mí al destruir el muro del miedo que me mantenía pegado a la Iglesia. Al hacer prevalecer la verdad y la libertad de la persona sobre la seguridad material, a costa de las ofensas que la Iglesia impone a los otros como su verdad divina.

Me relajo: Dios ha vencido. Estoy sereno, soy libre. Respiro, como después de una larga pesadilla. Pido a la Iglesia —quizá ya no mía o quizá más mía que nunca: finalmente le he dicho una verdad tan difícil como indispensable, como solo se hace con quien se ama— que se relaje igualmente y empiece a pensar, a tener el valor de reflexionar sobre el hombre y la mujer. ¿Es difícil? Sí, a veces parece incluso imposible. Para un monstruo acomplejado lo sería indudablemente, pero aún conservo una pizca de esperanza.

Dios ha vencido. Vence. Vencerá: abrirá los ojos a la Iglesia católica, después de haberlo hecho con las otras confesiones cristianas (es el hilo conductor de nuestra historia cristiana: ¡las confesiones no católicas llegan siempre antes a comprender la verdad!). Esperemos que lo haga durante nuestra vida.

El hombre no se había suicidado

A menudo he pensado en la muerte. Pero Dios ha vencido.

No tengo miedo de decirlo. Preferiría morir antes que continuar vegetando en una especie de circo para payasos insensibles e indiferentes. Conozco bien los juicios del clero según los cuales la tentación del suicidio se comenta con conmiseración hacia el pecador, sin empatía alguna. Una buena parte de los católicos, tradicionalistas e integristas, no conoce esta forma de piedad. Ante alguien que quiere quitarse la vida, dicen: «Cuánto vale una persona que quiere suicidarse, que quiere hacer algo tan grave contra Dios.»

Cada intento de suicidio lleva en sí un drama que ya no se soporta. No tiene nada que ver con la responsabilidad, porque es algo más fuerte que el hombre. En el caso de los homosexuales, con una frecuencia desarmante, se suicidan porque se encuentran en situaciones que ya no pueden seguir soportando. Y la Iglesia católica tiene, sin duda, una responsabilidad muy concreta en esto.

Muchas veces habría preferido la muerte como vía de escape para recuperar la libertad, para no vivir con la culpa de haber nacido homosexual. Habría preferido la muerte antes que permanecer en esta institución de la mentira que es la Iglesia católica.

Cómo quisiera que la Iglesia se diera cuenta, aunque fuera por un solo instante, del precipicio existencial que provoca en las minorías sexuales. La Iglesia rechazó a estos hijos y sigue sin consentir que los estados, las sociedades libres, salven a las personas, asegurándoles la posibilidad de crecer en el amor matrimonial y el reconocimiento de la dignidad y de la igualdad. A esta Iglesia homófoba le digo: no queréis pasar por la puerta de la felicidad y la habéis cerrado a los demás. La aberración farisea empuja no pocas veces al suicidio, real o espiritual. A ese suicidio interior me llevó la Iglesia.

Cuando Dios vence, el hombre está a salvo, no se suicida. Cuando vencen los funcionarios de Dios, muchas veces el hombre queda al borde de ese precipicio en que la Iglesia empuja a las personas gais y lesbianas. La Iglesia ha dado vuelta a la página para olvidar lo antes posible a Alfredo Ormando, que se prendió fuego en 1998 en la plaza de San Pedro.[69] Rápidamente, en un comunicado de prensa se aseguró que el escritor lo había hecho por «problemas personales o familiares». Pero Alfredo Ormando había de-

---

69. Ormando era un escritor italiano homosexual que se prendió fuego para protestar contra la paranoia antigay del Vaticano; murió algunos días más tarde. Cada año, el 13 de enero, aniversario de su gesto, los activistas italianos por los derechos LGBTIQ se reúnen en la plaza de San Pedro para protestar —en memoria de Alfredo— contra la actitud de la Iglesia católica en relación con los homosexuales.

jado escrito: «Espero que entenderán el mensaje que quiero transmitir: es una forma de protesta contra la Iglesia que demoniza la homosexualidad, demonizando al mismo tiempo a la naturaleza, porque la homosexualidad es su hija.» Y ellos no entendieron nada, se limitaron a bendecir de nuevo la plaza.

En mi vida, Dios, que ha creado al hombre y la mujer, a los heterosexuales y los homosexuales, los transexuales y los intersexuales, ha vencido en su batalla por la dignidad de la naturaleza de la creación, por la verdad de la humanidad, por la libertad de sus hijos e hijas.

Soy libre, y no tengo la intención de ensuciar su plaza con mi sangre.

Las últimas horas

Había llegado el momento. Debía afrontar solo algunas horas, las últimas y quizá las más duras. Luego abrazaría mi liberación.

En realidad, en mi subconsciente esperaba desde hacía años ese momento, pero al mismo tiempo lo temía. Ya amaba mi naturaleza, pero no por ello dejaba de amar mi ministerio sacerdotal. Dentro de mí resonaba el grito de liberación y, sin embargo, había también luces y sombras. Es más, estaba como aprisionado en la caverna platónica: encadenado, miraba un muro en la oscuridad de mí mismo. Quería algo: las sombras que percibía gracias al fuego que la Iglesia —según sus propios criterios— mantenía encendido. No debía saber qué sucedía en el exterior de la caverna ni a mis espaldas, ni, mucho menos, debía preocuparme de lo que ocurría dentro de mí: solo veía las sombras producidas por el prisma de luz que la Iglesia me ofrecía, haciendo benévolamente —para mí, como para todos los prisioneros de la caverna— de trámite en el paso entre lo real y lo percibido. Nos protegía, me protegía: fuera de la caverna, me habría sentido a disgusto o perturbado por una luz distinta, me habría irritado al ver las formas reales. ¡Mejor no correr el riesgo, mejor conformarse con las sombras! Para que los encadenados se sintieran a gusto, la Iglesia los convencía de que quien saliera de la caverna se percataría enseguida de que había hecho algo «estúpido» y querría regresar de inmediato dentro, pero entonces ya no sería posible. En efecto, aquí el mito de Platón es adecuado a las necesidades de una institución totalizadora: quien se libera de la caverna solo puede ir al encuentro de la muerte. En cambio, en el mito se perciben otros desarrollos: quien sale y ve la luz luego quiere volver a la caverna para liberar también a los otros compañeros de la falsedad de la penumbra en la que están sumidos. Pero, al entrar en la caverna, antes debe acostumbrarse a la oscuridad y luego es escarnecido por sus compañeros, a quienes no consigue explicar que en el exterior reina una fantástica luz deslumbrante. Más bien corre el peligro de ser denigrado y muerto por los mismos compañeros si insiste en querer liberarlos y sacarlos al exterior. Ellos no quieren arriesgarse a salir para admirar las cosas que están a la luz del sol.

Mientras estaba prisionero de la caverna, me sentía espantado por todas las posibles versiones del mito, aquella que me convencía de que fuera solo sería ahogado en el fango de la desgracia y también por la que me ponía en guardia respecto de los colegas de la Iglesia. Pero, entre las sombras, sentí el deseo claroscuro de la luz, y por fin aquí estaba: había llegado la hora de la prueba, debía sacudir las cadenas. Mi viaje interior debía ser ahora público, social y eclesial. Debía tocar, perturbar e inquietar la realidad circundante. Pero ¿cómo hacerlo?

Un amigo cura, que sabía de mí y de mi deseo de libertad, me reprochaba: «Krzysztof, deja de tomártelo todo tan en serio. Haz lo que consideres justo, aunque actualmente esté vedado por la Iglesia. ¿Por qué te obstinas tanto en denunciar las incoherencias de la Iglesia (que no es del todo mala)? Vive tranquila y felizmente tu vida, a escondidas con tu fantástica pareja, y deja vivir al sistema de la Iglesia, que no está listo para el cambio.» Me invitaba a reírme de ello y a vivir serenamente en la Iglesia, a la que, por otra parte, yo seguía amando a pesar de sus contradicciones.

El amigo no me daba tregua: «¿Sabes qué sucederá si sales a la luz?» Yo era muy consciente de ello: de un momento al otro me encontraría cubierto por el fango que me echaría encima toda una sociedad de gentiles amigos y celosos admiradores que no dejarían escapar la ocasión propicia para denigrar a un ex competidor en nuestras carreras internas. De respetado eclesiástico como era, en un instante me convertiría en un demonio pervertido. En las iglesias empezarían a humillarme con inhumanas apelaciones a rezar por aquel pobre enfermo perturbado (como efectivamente ocurrió más tarde en Polonia).

Mi amigo seguía reflexionando: «Tienes una relación fantástica con tu compañero y, al mismo tiempo, tienes un trabajo perfecto, enseñas en la universidad, haces muchas cosas buenas en la Iglesia, tu carrera va a toda vela, eres respetado: ¿por qué tirar a la basura todo esto? ¿Cuántas parejas hoy en día viven a distancia a causa del trabajo? Y luego, ¿de qué serviría tu rebelión? ¿Qué podrías obtener? Solo te destruirías la vida. Sabes perfectamente qué se hace entre nosotros con quien se pone en contra.» Y así mi amigo alimentaba mis temores. Por otra parte, en el Vaticano sabíamos perfectamente que nuestra gloriosa doctrina social, con todas las normas de la justicia evangélica, es solo un producto para exportar al mundo, no desde luego para aplicarlo en el interior (¡no somos tan estúpidos!). Por tanto, al salir a la luz del sol, lo habría perdido todo para siempre. Pero lo que más me espantaba era que se pusiera en duda mi credibilidad y que se banalizaran mis sufrimientos y conflictos internos, que se me denigrara con falsas acusaciones y mentiras, que se me escarneciera y compadeciera como un perdedor, despojado de mi dignidad por parte de la sutil propaganda de la Iglesia y de sus fieles, y sobre todo que se me borrara como creyente, como persona que ha dedicado su vida al cristianismo.

Desde hacía tiempo sabía que pertenecía a una «institución total»: *Greedy total institution*. Lewis Coster y luego Erving Goffman elaboraron este concepto estudiando los hospitales psiquiátricos, pero también el partido bolchevique y las congregaciones religiosas: como buenos sociólogos, identificaron las formas de dependencia que crean, o creaban, estos ámbitos, en los individuos. Son espacios de vida y de trabajo donde muchas personas viven encerradas por un considerable período de tiempo, sustraídas de la sociedad real, y formadas en un sistema que administra todos los aspectos de la vida. En estos ambientes, el individuo ya no debe pensar y ya no tiene ninguna privacidad. La *greedy institution*, que da todo lo necesario para la vida y para la consideración social, rodea a la persona como solo puede hacerlo una prisión y así arrebata la posibilidad de seguir la propia conciencia, de pensar y de revisar las decisiones. Pero sobre todo arrebata la posibilidad de que la persona se mida con la realidad: porque la única realidad que existe para el que forma parte de ese entramado es la totalizadora de la *total institution*. Los *outsiders* serán aniquilados socialmente: nadie se libera porque, en el proceso, acaba en la perdición. Contra la institución no se ponen en práctica rebeliones personales. Los polacos dirían: «Te ahogarán en una cuchara de agua.» A ellos les basta con una cucharilla para hacer que te ahogues: ¡enfrentado al sistema no eres nada! Además, el sistema total, en el que estaba inmerso, ni siquiera se consideraba «humano», sino que se presentaba como «divino».

La institución total te muestra que no eres nada fuera de ella. Solo puedes existir en la forma que tu sistema te impone. Esto te consume cada día, pero también te permite avanzar en la carrera: tú, como cura, encontrarás siempre filas de fieles dispuestos a adularte, a adorarte como «Dios». Tú eres «Dios», ¿qué te falta? Lo eres gracias al sistema de la institución total. Eres un engranaje del sistema: ¡no cambies nada porque lo perderás todo! La institución total, en el preciso instante en que te encuentres fuera de ella, te destruirá. Pero yo no quería ser «Dios» en aquel ambiente, yo solo trataba de ser yo mismo.

Ya no podía callar. Ya no soportaba la política del silencio, la verdadera fuerza de la ideología eclesiástica. Tenía, sí, la libertad de trabajar, pero solo dentro de los límites impuestos por la propaganda al servicio del sistema. La receta era sencilla: no toques los temas que puedan suscitar preguntas que perturbarían tu paz. ¡Ocúpate de otras cosas! Pero yo empezaba a ocuparme de aquello que no podía ser recluido en las sombras.

Empecé a sacudir las cadenas.

En septiembre de 2015, mientras me encontraba en Cataluña por la Diada, su fiesta nacional, unos amigos me pidieron que participara en un conocido programa de Catalunya Ràdio comentando un texto mío sobre el derecho de autodeterminación de la nación catalana, defendido como sacrosanto por la doctrina de la Iglesia. Cabe señalar que precisamente la conferencia episcopal española actuaba contra ese principio de la doctrina católica, ofendiendo a los catalanes. De manera aberrante, esos obispos señalaban como «pecadores» a cuantos contribuían al democrático proceso en curso hacia la independencia. No tenía ningún sentido. Como teólogo podría explicar la situación, y advertí que a la gente, agraviada por los propios obispos, le interesaban mis aclaraciones. Para aquella emisión de radio la conductora había preparado un guion muy completo, no solo sobre los derechos de las naciones, sino también sobre los de los individuos a la luz de la doctrina social de la Iglesia.[70] Estábamos invitados a hablar también de las personas como individuos, entre ellas las mujeres, cuyos derechos son negados por la Iglesia, o las familias que quieren recurrir a la fecundación in vitro o... los gais y las lesbianas. Cuando la tarde anterior supe qué temas se tratarían en la entrevista, pensé: «¡Por Dios, solo me faltaba esto! ¡Aquí no podré mantener mi silencio de siempre!» En resumen, para no dar demasiadas vueltas, en Catalunya Ràdio tuve que romper mi devoto silencio sobre los derechos de las mujeres y de los homosexuales. Y, aunque me hubiera contenido sobre esos asuntos, el mero hecho de que, como teólogo del Vaticano, denunciara los errores de la conferencia episcopal

---

70. Entrevista con Mònica Terribas, «Drets comunitaris i individuals a la doctrina de l'Església», *El matí de Catalunya Ràdio*, 8 de septiembre de 2015.

era algo inaudito. Es verdad que lo hice respetando todos los parámetros de la verdad evangélica, pero de todos modos apliqué nuestro juicio no al mundo (al que estamos habituados a juzgar), sino a nosotros mismos, a los obispos. Una vez descubierto el error, tuve que exigir lo que exige mi Iglesia a los otros: una disculpa, la consiguiente corrección y la reparación de los daños causados. Decir públicamente todo esto era demasiado, porque también yo sabía que mis «cálculos» teológicos eran solo la fachada de un poder machista que no se excusa, sino que solo domina.

A la mañana siguiente, la reacción a la entrevista fue fulminante: esa misma tarde fui invitado a la televisión catalana para reafirmar concretamente —gracias a Dios— mis reflexiones teológicas sobre el derecho de toda nación a la autodeterminación (dejando de lado el tema de la homosexualidad).[71] Después de algunas horas, el arzobispo de Valencia, el cardenal Cañizares (al que poco antes el papa Francisco había reexpedido a su casa desde Roma), se dejó ver en una entrevista con la que pretendía responderme. No entró en el núcleo de la cuestión, solo sostuvo que yo no conocía los documentos de que hablaba y que, por tanto, todo lo que decía estaba alejado de la verdad. Una técnica típicamente eclesial: quitar credibilidad al adversario, tildándolo de ignorante. Además —siguiendo otra técnica intimidatoria de la Iglesia— exigió que me retractara públicamente de lo que había dicho. El cardenal Cañizares sabía bien cómo se conduce la política eclesial, que en España puede alardear de una «gloriosa» historia de colaboración con el régimen

---

71. Mi entrevista con Xavier Graset, «*Per l'Església, un principi fonamental és el respecte al dret d'autodeterminació dels pobles*», fue emitida en el curso del programa *Més 324* del Canal 3/24 (TV3).

franquista. En estas circunstancias, cuando era inminente la primera votación por la independencia catalana, invitó a toda su diócesis a rezar contra los catalanes, a elevar lo que él llamaba «las plegarias por la unidad de España». En realidad, rezaba contra aquellos que —en el ejercicio democrático de los propios derechos humanos, civiles y, además, cristianos—, según él, pecaban al afirmar la propia identidad nacional. En el derecho de autodeterminación no hay nada en contra del Estado de que se forma parte, nada ofensivo hacia España (que, por otra parte, es uno de los países que más me fascinan): solo hay afirmación de la propia identidad que no está en contraste con nadie. Siempre me han hecho sufrir las acusaciones de estar «contra España» dirigidas a quienes solo expresaban el derecho a la propia identidad específica: nunca defendería derechos que sean dirigidos contra otro, pero mi pasión se enciende ante las injusticias, los derechos y las identidades negadas. Pero, para Cañizares, Cataluña no es una nación... al revés de cómo aparece a la luz de la doctrina de la Iglesia, a la que el cardenal debería obedecer ciegamente, porque presenta todas las características de una nación como exige la Iglesia: lengua, historia e identidad cultural y espiritual.[72]

Comenzaba a moverme en la caverna, las cadenas ya se habían soltado. Volví a Roma, pero el rumor de mi entrevista, de mis temerarias interpretaciones teológicas, se difundía a la velocidad de la luz.

De inmediato, Roma me pareció distinta. No solo las cadenas se habían sacudido, sino que yo mismo me sentía ya

---

72. Una brevísima síntesis de la enseñanza eclesial sobre los derechos de las naciones se ofrece en el *Compendio de la doctrina social de la Iglesia* (2004), n.° 157.

vuelto hacia la luz. Quizá no había sido un movimiento voluntario, pero notaba que me quedaba poco tiempo. En la oficina me acogieron silencio y rostros recelosos. En aquella entrevista, además de hablar de la situación catalana, por primera vez en mi vida había dicho públicamente algunas buenas palabras sobre los homosexuales. Nada contra la actual doctrina homófoba de la Iglesia, sino solo tres consideraciones humanas relativas a personas humanas. Ante todo, había compartido con la periodista mi impresión de que la Iglesia en realidad no conocía a los gais y las lesbianas, como tampoco a los transexuales o los intersexuales, constatando que los trataba como «ellos», no como «uno de nosotros». Después, había aludido a que nosotros, los teólogos, debíamos abrirnos absolutamente al diálogo interdisciplinario con las ciencias humanas para actualizarnos sobre la investigación, en continuo desarrollo, respecto de las minorías sexuales. Por último, había expresado mi tristeza por el hecho de que en los ambientes católicos que yo conocía a menudo los gais fueran confundidos con los pedófilos, lo cual es ofensivo. En todo esto no me oponía a la vigente doctrina homófoba, pero me mostraba totalmente en contra del silencio estigmatizador con que se debía tratar a los homosexuales, nuestros enemigos *par excellence*.

Mis palabras eran una admisión de simpatía por los homosexuales, a los que trataba como a seres humanos. Pero el interés de romper los estereotipos sobre los gais solo podía nacer de una implicación personal. Por tanto, apenas llegó al Vaticano el rumor de mi entrevista, estuvo de inmediato claro: él es gay. «¿Qué necesidad tenemos de más testigos? ¡Nosotros mismos lo hemos oído de sus propios labios!» (Lucas 22, 71). Lo ha admitido públicamente.

Ya había hecho mi salida del armario en el restringido espacio de la «caverna» vaticana.

Mi superior me llamó para una conversación. Lo vi turbado y confuso. Oficialmente, el problema era solo mi análisis del error de la conferencia episcopal española. Sin embargo, se convirtió en una de las conversaciones más importantes de mi vida eclesial: me estaba liberando del miedo que me empujaba a someterme al sistema. Me preguntó qué había sucedido. Por lo que me concernía, no había nada importante que debiera decirle. «Me refiero a tu entrevista sobre el derecho a la independencia.» «Si se trata de eso —respondí—, solo expuse mis críticas a los documentos de la conferencia española, contrarios a la doctrina de la Iglesia.» ¡El colmo fue que él me dio la razón! Confirmó que esos documentos habían hecho mucho daño, pero no era posible borrarlos y mucho menos disculparse. Por eso me pidió que rectificara mi postura, cosa que yo no podía hacer porque habría actuado contra la doctrina de la Iglesia. Entonces, mi superior, uno de los más humanos en aquel ambiente, empezó a implorarme: «Tienes razón, pero no podemos decir públicamente nada de todo eso...» En aquel momento se encendió en mí todo el celo compasivo de mi sacerdocio: «¿Cómo puedo dejar de decir públicamente la verdad, y menos sobre un tema sensible para muchas personas? Ya me han solicitado un artículo al respecto y tengo la intención de publicarlo lo antes posible.[73] Además, exijo que el cardenal Ca-

---

73. Mi primer artículo sobre este tema, «*A favor del procés d'independència de Catalunya a la llum del pensament cristià*», había sido publicado por el periódico *El Punt Avui*, 18 de septiembre de 2015, pp. 18-19.

ñizares se retracte de sus afirmaciones ofensivas acerca de mi incompetencia sobre el tema y los documentos de los que he hablado.» Mi superior me aseguró que no tenía ninguna duda sobre mi conocimiento del asunto, pero me rogó que callara y me sometiera al sistema, renunciando a decir la verdad. Le respondí que no podía. Fue la primera vez que dije a mi Iglesia: «no puedo más». Pero sabía cómo van las cosas en aquel ambiente: se hace política, ante todo, luego se ajustan las doctrinas que sirven para someter al pueblo, no para anunciar la verdad que nada teme.

No podía más que esperar el desarrollo de los acontecimientos. En una segunda entrevista, otro superior me refirió que el presidente de la conferencia episcopal española y el nuncio apostólico en España habían intervenido sobre mi caso. En resumen, se leía entre líneas que pedían mi cabeza. Había que hacer algo conmigo, silenciarme o enseñarme a tener la boca cerrada en el futuro. No podían echarme en cara ningún error referente a la doctrina de la Iglesia (por lo que habrían podido perseguirme), en consecuencia debía comenzar una persecución solapada, sutil, una eliminación como si en un «ejército de ciegos sometidos» alguien fuera expulsado y no se supiera por qué ni cuándo había perdido los favores de que disfrutaba. Empiezan a aislarte, te quitan el trabajo, ya no te piden opiniones, no te confían encargos importantes. Precisamente en la congregación ya había asistido varias veces a «eliminaciones» de este tipo: personas, sacerdotes a los que no se decía qué debían corregir o qué habían hecho de malo, sino que simplemente se convertían en no gratos, extraños. No se los echaba, porque ¿adónde se habría podido echarlos? Se los dejaba consumir por dentro: debían estar callados y sometidos, parecer contentos. Nunca habría soportado permanecer suspendido en semejante limbo.

Mi tensión estaba por las nubes: ahora las cadenas me sacudían. Aún faltaba algo para que saliera de la caverna. Y he aquí que ese algo llegó: se publicó en Polonia un artículo mío[74] donde denunciaba la violencia del lenguaje teológico usada como un arma contra los adversarios: los ateos, las feministas y los «sucios» homosexuales. En el artículo, solo como ejemplo, presentaba la producción teológica de un cura que se jactaba de ser un profesor experto en el tema de «género» (y efectivamente estaba obsesionado por él). Mis colegas sacerdotes polacos lo condenaban duramente en privado, pero en público no tenían valor para denunciarlo, porque esto habría significado defender la dignidad de los ateos y de las mujeres, y, sobre todo, de los gais, y al mismo tiempo ponerse en contra de la conferencia episcopal polaca, para la que el curita resultaba muy conveniente. Mi artículo escandalizó a la Iglesia polaca: aun siendo un cura de la inquisición, me había permitido criticar al único verdadero «experto» católico de los estudios de género, aquel ideólogo que conducía una firme campaña de odio contra los homosexuales.

Imagino que hice enfurecer de veras a los obispos polacos, demoliendo a un propagandista que les servía de altavoz. Sin embargo, en vez de tomar en serio mi artículo, que denunciaba los evidentes abusos en el lenguaje teoló-

---

74. «*Teologia i przemoc: przypadek księdza Oko*» (Teología y violencia: el caso del padre Oko), *Tygodnik Powszecny* (Cracovia), 29 de septiembre de 2015.

gico de un colega —un hecho que los obispos tenían el deber institucional de verificar—, se lavaron las manos. Difundieron un comunicado público donde señalaban que lo que había escrito eran mis opiniones personales. En resumen, no había abusos que verificar. Al mismo tiempo, intervinieron en la congregación de la doctrina de la fe para hacerme «pagar» aquel artículo. Mi superior me llamó de nuevo amablemente y, con aire de tristeza y desilusión, me preguntó: «¿Por qué nos haces esto? ¿Qué debemos hacer contigo?» En síntesis, ya no podía protegerme. Yo respondía que simplemente anunciaba la exigente verdad del Evangelio que no obliga al mundo, sino solo a los creyentes. Pero que éramos precisamente nosotros los primeros en tergiversarla. Lo decía sin miedo, aunque tanto yo como mi superior sabíamos qué me esperaba.

Las indagaciones sobre el accidente aéreo presidencial polaco en Smolensk, en 2010, del que ya he hablado,[75] sacaron a la luz las presiones psicológicas que sufrieron los pilotos por parte de sus superiores, quienes insistieron en que aterrizaran a pesar de que las condiciones meteorológicas no lo permitían. Murieron todos, pero los pilotos sabían que, si no se hubieran sometido a aquellas desatinadas órdenes, luego habrían «muerto» ellos. A mí se me solicitaba lo mismo: «aterrizar» renunciando a la verdad, «aterrizar» para someterme a la política de las jerarquías de la Iglesia, «aterrizar» para preservar el sistema. La tensión de aquellos días fue horrible, pero para mí también salvadora: fue la gota que colmó el vaso. Subconscientemente la necesitaba y la deseaba para decidirme a romper las cadenas, a salir de la oscuridad de la «caverna» a la luz y denunciar el pecado de la Iglesia.

75. Cfr. p. 55.

Aquellas horas me prepararon finalmente para decir a mi Iglesia quién era, es más, quién soy: ponía en práctica mi revolución. «¿Por qué precisamente aquel día y no otro? ¿Por qué aquel elemento desencadenante y no otro?», se interrogaría uno con las preguntas del gran Ryszard Kapuściński. Diría, ante todo, porque la salida del armario está entre las decisiones más personales de la vida, nadie tiene derecho a «aconsejarte» un determinado día. Muchos me preguntaron por qué lo hice justo antes del sínodo sobre la familia. También yo les pregunto a ellos si hoy pueden indicarme cuál habría podido ser el momento más adecuado, acaso durante o después del sínodo. De todos modos, respondo: en la Iglesia no hay un horario adecuado para la salida del armario, porque esto siempre ha estado prohibido (solo está permitido huir de noche, cultivando la vergüenza que te han instilado, permaneciendo en una especie de armario para el resto de tu vida).

De todos modos, mi salida del armario no fue solo una liberación personal, sino también una protesta y una denuncia pública: por eso debía hacerse oír mientras la Iglesia, con el sínodo, se disponía a confundir de nuevo a la humanidad sobre la cuestión de los homosexuales. Para el sínodo ya estaba lista la nueva oleada de consabida estigmatización de los gais, mientras en la congregación trataban de sacarme del camino, pidiéndome que me desviara de los criterios evangélicos en mi reflexión sobre lo que estaba tramando la Iglesia. En resumen, con esos criterios juzgamos al mundo, no a nosotros mismos, porque nosotros estamos por encima de la ley, también por encima de nuestra ley. Una conocida religiosa dijo más tarde al comentar mi gesto: «Su salida del armario fue demasiado violenta para el sistema.» Le agradecí aquel comentario: si mi salida del armario había sido violenta para el sistema, significaba que había cumplido su objetivo, porque nunca habría creído en una Iglesia que fuera un sistema. Si acaso, su rígido sistema debía ser destruido para que pudiera volver a ser la Iglesia de los hombres y de las mujeres tal como son.

Esta era mi hora: ya no tenía dudas.

Había llegado la hora de salir del armario ante mi Iglesia. Grité a la cara al poder de mi Iglesia. Grité con toda mi pasión. Grité quien soy —para decirlo con las palabras de Kapuściński— con «una mirada desconfiada, todavía ligeramente veteada de miedo, pero ya dura e implacable».[76] Grité lo que la Iglesia nunca habría querido oír:

> ... Quien controla la sexualidad
> controla a toda la persona...

> ... es el más sutil de los poderes:
> el control de las conciencias...

> ... y es la forma más alta del poder,
> en ciertos aspectos es el único verdadero
>   poder totalitario que existe...

> ... es el poder destructivo
> predilecto de mi Iglesia católica...

Había salido del armario. Era libre.

---

76. Cfr. *El Sha o la desmesura del poder*.

Aquel instante en que está el futuro

Cuando sales de tu prisión, exterior o interior, acaso en un día deslumbrante de sol, caminas lentamente, saboreando cada paso, como una conquista de tu vida.

Cuando estás fuera de la prisión o, como se prefiere decir hoy, cuando sales del armario, al descubierto de la mentira, saboreas el primer paso de algo que hasta entonces te parecía inalcanzable. Soñaba desde hacía años con esta bocanada de aire nuevo y ya no enrarecido, la experiencia de un solo momento en que podía decirme: soy libre.

En esos instantes uno se pregunta si existe el futuro, si se tienen algunas certezas para sobrevivir, si se encontrará un trabajo digno, si Dios o simplemente los demás le ayudarán a reconstruir una existencia. En esos instantes la vida está llena de sol, de aire fresco, como nunca lo ha estado. Es la hora del regreso a la naturaleza y a su razón, a la vida verdadera, a la Naturaleza que te ha creado y que te ama. Al Dios que no odia a Narciso, sino que lo acaricia. Al mismo tiempo, es la hora del regreso con tu rostro real a los otros, que deben aprender de nuevo a conocerte y amarte tal como eres.

¿Existe el futuro?

El futuro es ese instante de ganas de vivir, de respirar, de pensar, de dudar, de creer, de esperar y de amar. Es el instante de la libertad, la verdadera libertad cristiana, no paternalistamente construida, sino madura y respetuosa de la naturaleza de las cosas.

En ese instante encontré la primera piedra, la piedra angular de la vida verdadera, sin sombras.

Es el instante irrepetible que quisieras compartir con todo el mundo, que quisieras gritar a todos.

Quisieras abrazar a los chicos gais que tienen miedo de su escuela homófoba y a las chicas torturadas psicológicamente y aniquiladas por la sociedad, debido a que son lesbianas.

Quisieras abrazar a los curas gais asustados por su verdadera esencia, aterrorizados por la Iglesia y que, por tanto, odian todo aquello que les parece distinto de lo obligatorio. Quisieras abrazar a las monjas, entre las cuales no pocas son lesbianas, que sienten amor hacia otra mujer.

Quisieras abrazar todos los colores del mundo, que de pronto ya no parecen *kitsch*, sino que expresan la vida, conquistando el arco iris del respeto de la diversidad y de las diferencias, contra cualquier infernal uniformidad del negro y del gris.

Quisieras abrazar a las madres y los padres aterrorizados por lo que dirá la gente sometida a las Iglesias o a las sociedades puritanas, y, por tanto, convencidos de que deben odiar a los propios hijos.

Quisieras abrazar a todos los hermanos y las hermanas que no dejan de contar chistes de mal gusto sobre los gais, como hacían en el pasado sobre los judíos.

Quisieras abrazar a los ideólogos del santo oficio que despachan odio católico como lágrimas sangrantes de amor por la pureza y la defensa de la familia.

Quisieras abrazar a los fariseos «verdugos», hijos de las ideologías, incapaces de abrirse a la razón, de pensar y de dudar, asustados de no estar lo bastante seguros de sus verdades absolutas para poder enfrentarse libremente a la naturaleza.

Quisieras abrazar a todos aquellos que luchan por reconocer el derecho de hombres y mujeres no heterosexuales a amar y ser amados, a no tener miedo, a no tener vergüenza, a no mentir toda la vida.

Quisieras abrazar a todas las víctimas del odio homófobo, que el cristianismo ha cultivado durante siglos, estimulado o permitido con sus propios silencios.

Quisieras abrazar a aquellos que oponen su naturaleza heterosexual a la de los demás, para enternecer su corazón, porque también nosotros somos hombres y mujeres sedientos de amor, de respeto y de tolerancia.

Quisieras abrazar a la Iglesia católica y a tantas otras iglesias para escrutar su corazón, a fin de que puedan amar y entender a las personas (¡y acaben para siempre con sus muecas de disgusto!).

Quisieras abrazar a Dios por ese instante eterno en el que está todo nuestro futuro.

El futuro no existe sin ese instante de libertad, sin ese paso de liberación, esa indispensable salida del armario, sin asomarse a la luz del sol con uno mismo. El futuro no existe sin haber demolido el paralizador muro del terror. El futuro no existe sin la victoria sobre el miedo al qué dirán aquellos que encuentras por la calle. El futuro no existe sin haber eliminado el temor de cómo la Iglesia denigrará tu nombre, solo porque has tenido la audacia de ser tú mismo.

El futuro no existe sin esa primera piedra de tu libertad.

Por más que una prisión sea de oro, continúa siendo tal, desagradable, carente de aire y de sol, acaso llena de palabras dulces y de máscaras de una ideología resplandeciente. Por más que permita la supervivencia, continúa siendo siempre y solo una prisión. Una prisión del espíritu, de una naturaleza asustada y amedrentada, que se excluye de la felicidad de la salvación, de la otra vida o solamente de la vida sobre la Tierra.

A mi lector

Querida amiga, querido amigo:

Permíteme dirigirme a ti de este modo. En este punto, no sabría llamarte de otra manera. Si has llegado hasta aquí, espero que hayas conocido a un hombre, a un cura en toda su naturaleza, a un gay orgulloso de serlo.

Te agradezco que me hayas escuchado, dedicando tu tiempo a descubrir poco a poco mi rostro humano en las páginas de este libro que he escrito en mi lengua de adopción, el italiano.

Durante años he albergado el deseo de revelarme, de salir de mí mismo y alcanzar a los demás. Para exponerme y no padecer más miedo ni vergüenza, he debido llevar a cabo una lucha interior que solo puede entender quien ha tenido que afrontarla conmigo. Te deseo esta misma experiencia de verdad y de libertad en tu vida. Te deseo que sepas escrutar en tu corazón.

Si la Naturaleza te ha otorgado el don de ser heterosexual, te deseo que sepas ser feliz, apreciando al mismo tiempo el valor y el carisma de los que han recibido otro don. Te deseo que sepas no imponer a los demás tu orientación sexual como la única posible. Te deseo que sepas amar las diferencias. Porque las diferencias y las diversidades son divinas, mientras que la rígida uniformidad es perversa.

Si la Naturaleza te ha otorgado el don de ser gay, lesbiana, bisexual, transexual o intersexual, te deseo que no tengas miedo ni vergüenza de decirlo a quien amas y a quien te ama, y que salgas al descubierto. Tienes derecho a decir al mundo tu verdad, única e irrepetible. Te deseo que no pierdas el aire fresco de la vida y que disfrutes de ese instante en que permites a Dios o incluso solo a otro hombre que ponga su mirada sobre ti, que acaricie tu rostro y esté orgulloso de ti. Te deseo la felicidad de ser libre y respetado por cómo eres.

La naturaleza entrega a cada uno sus propios dones. A mí me ha dado el del empeño de ser gay y estoy orgulloso y feliz de ello. Como a mi hermana y a mi hermano les ha dado el de ser heteros...

Y tú, amiga mía, amigo mío, no tienes derecho de mortificar el don que hay en ti. Tus dones son la chispa divina que alienta en ti, no puedes apagarla o esconderla en la oscuridad del armario. No puedes ofenderlos, porque deciden tu dignidad.

Mañana será otro día. Te despertarás y quizá necesites más tiempo del habitual para ponerte las máscaras que la sociedad te impone. Pero no será un día igual al anterior, porque el rostro que has conocido en estas páginas se acaba de liberar.

Ese rostro hoy te dice que el nuevo día será tuyo. Si aún no eres libre en tu ser, en tu verdad, en la homosexualidad, debes iniciar hoy mismo tu recorrido de liberación de las homofobias que te aplastan exterior e interiormente.

Si aún no eres libre en tu heterosexualidad, aprisionado por las ideologías de tu Iglesia, por los estereotipos o los provincianismos de la mentalidad en que has crecido, debes empezar a sentir junto al otro, porque es precisamente esto lo que enseña toda verdadera religión o simplemente nuestro humano sentido común: pensar con la razón y amar con el corazón.

Ama y haz lo que quieras... Este es tu nuevo día: te lo deseo. Y es también el mío.

Eres tú, soy yo, somos nosotros los que debemos poner la primera piedra de la verdad. De la verdad que nos hace libres.

POST SCRIPTUM

La declaración de la salida del armario[77]

Buenos días.

Me llamo Krzysztof Charamsa, hoy todavía monseñor Krzysztof Charamsa, soy secretario adjunto de la comisión teológica internacional desde hace algunos años, y oficial de la congregación para la doctrina de la fe, ex santo oficio, ex santa inquisición, desde hace más de doce años.

Soy aún profesor en la pontificia universidad Gregoriana y en el pontificio ateneo Regina Apostolorum.

Soy sacerdote desde hace más de dieciocho años.

Soy un hombre, hoy puedo añadir un hombre libre.

---

77. Sábado 3 de octubre de 2015, en la vigilia del sínodo de la Iglesia católica sobre la familia, ya sin esperanza de que de ese encuentro pudiera derivar la necesaria conversión de la Iglesia en relación con los gais, hablé de mí mismo con estas palabras en una conferencia de prensa en Roma.

Quisiera compartir la alegría de esta libertad con los otros. Una alegría simple que brota de mi liberación.

Después de una larga reflexión personal, después de luchas interiores e intensas plegarias, después de muchos sufrimientos, después de varias conversaciones con otros sacerdotes homosexuales y, por último, después de haber encontrado a la persona que amo y mientras la relación de amor crece, he tomado la decisión de afirmar públicamente mi natural identidad de persona homosexual, orgullosa y feliz de serlo.

Hoy doy las gracias por las cosas buenas que he recibido de la Iglesia, pero también me libero de la opresión de una institución que tiene los ojos vendados, que es opresiva y enemiga de las personas que solo tienen el deseo de ser ellas mismas, una Iglesia ciegamente homófoba, espantada de que entre sus mejores funcionarios haya también gais, una Iglesia que ahora solo sabe practicar el terrorismo psicológico de la intimidación, espantar y suscitar miedo, que odia no solo a los homosexuales, sino que en el odio hacia esta minoría odia al hombre mismo, aunque se presente como «experta en la humanidad».

Hoy, finalmente, doy gracias a Dios por haberme dado el valor de liberarme de esta oscura pesadilla, de una jaula de irracionalidad, de un opresivo sistema totalitario de control de las almas y de los dormitorios.

Mientras trabajaba en la inquisición creía en los ideales de mi fe y solo con el tiempo fui descubriendo las incongruencias y las incompetencias, las injusticias y a menudo las verdaderas iniquidades generadas por sus enseñanzas y por las medidas eclesiales. Y descubrí sobre todo la omnipresente y ciega homofobia, una verdadera obsesión contra las personas homosexuales.

Quisiera contar lo que, en lo bueno y en lo malo, me han dado la Iglesia y la ex santa inquisición. Quisiera contar la opresión del santo oficio, el odio y la homofobia, el desprecio hacia los gais. Quisiera contar las luchas de los miembros enceguecidos del santo oficio contra un papa que se había permitido expresarse sobre el escándalo de la discriminación eclesial de las personas divorciadas y vueltas a casar.

Pero hoy quiero comunicar la alegría de mi libertad, la profunda felicidad de poder decir, públicamente: mi Dios, soy gay. Soy feliz y estoy orgulloso de serlo. Soy feliz de despertarme después de una pesadilla, después de una noche pasada en una jaula de fundamentalismos.

Dedico mi salida al descubierto a los muchísimos sacerdotes homosexuales que estimo y que por diversas razones no pueden realizar el gesto de la libertad. Les deseo que sean felices, dentro de lo que puedan en la inhumana opresión de su Iglesia.

La dedico a todas las fantásticas personas gais, lesbianas, transexuales, bisexuales e intersexuales, como mi humilde homenaje a nuestra dignidad, al arte innato de vivir que llevamos dentro, al valor de quien se ha opuesto a los opresores en distintas partes del mundo, donde el ciego odio parece cada vez más fuerte, como en mi Polonia. Me siento en el deber de pedir perdón a todos vosotros por esa Iglesia sin vergüenza que nos odia y también por todas las veces que personalmente he colaborado de manera activa, o incluso solo con mi sufrido silencio, cuando la dignidad del hombre se veía pisoteada.

Dedico este gesto también a mi familia, a mi madre, a mi hermano y a mi hermana, a los que amo con el corazón de un gay que quisiera dárselo todo para que fueran felices, y también para que me acepten.

Pero ante todo dedico hoy mi alegría y mi libertad a la persona que amo, a mi prometido Eduard, que ha sabido extraer mis mejores energías y transformar mis últimos miedos en la fuerza del amor.

Vaticano - Roma, 3 de octubre de 2015

Carta al papa Francisco[78]

Santo Padre, querido Francisco:

Siempre he amado la Iglesia de Cristo.

Hoy, en cuanto bautizado, sacerdote y teólogo que durante toda su vida ha querido servir a la Iglesia, me dirijo a Usted, mi superior y pastor en esta Iglesia.

> 78. El 3 de octubre de 2015, día de mi salida del armario, comuniqué mi decisión al papa Francisco, mi superior en la Iglesia católica, enviándole esta carta personal. Al menos hasta el momento en que este libro ha sido entregado a la redacción para la imprenta, no he recibido ninguna respuesta. El 28 de octubre de 2015, la BBC dio la noticia de mi carta al pontífice, haciendo públicos algunos pasajes; cosa análoga ha hecho en Italia el *Corriere della Sera*. Aquí se ofrece la versión íntegra de la carta, revisada en su redacción para la publicación. De todos modos, en este texto había encerrado el grito de mi pasión, que había marcado el momento de liberación, pero también de denuncia y de protesta contra la actitud de la Iglesia en relación con las personas LGBTIQ.
> Además de al papa Francisco, comuniqué mi decisión, siempre por carta, a los rectores de las dos universidades donde enseñaba en aquel tiempo. La noticia de las cartas a estas instituciones fue difundida por el *Corriere della Sera* en un artículo de Elena Tebano, el 18 de octubre de 2015.

Después de un largo y doloroso tiempo de discernimiento y de plegaria, ante Dios y con la plena conciencia de la gravedad del momento, he tomado la decisión de rechazar públicamente la violencia de la Iglesia en relación con las personas homosexuales, lesbianas, bisexuales, transexuales e intersexuales.

Siendo también yo de orientación homosexual, ya no puedo soportar el odio homofóbico, la exclusión, la marginación y la estigmatización de las personas como yo, continuamente ofendidas en su dignidad y en sus derechos, negados y doblegados por esta Iglesia violenta y por sus distintos fieles.

Hoy me pongo al lado del valeroso pueblo homosexual, humillado durante siglos por el fanatismo de la Iglesia. Ya no acepto la salvación que excluye a una parte de la humanidad. No somos nosotros, los homosexuales, los que necesitamos la compasión que la Iglesia promete. Nosotros no somos enemigos de ella ni de la familia: esta es una imagen falsa y ofensiva que la Iglesia ha creado de nosotros. Solo buscamos desesperadamente ser respetados en nuestra dignidad y en nuestros derechos. Si la Iglesia es tan obtusa, incapaz de reflexión y va con retraso en el conocimiento de lo humano, como describió el cardenal Carlo Maria Martini, si no consigue encontrar la adecuada acogida para este pueblo inocente, al menos que deje de influir en los estados y las naciones que quieren respetar el derecho humano de las personas homosexuales al matrimonio civil. Que la Iglesia se ocupe del matrimonio religioso y haga felices a sus fieles heterosexuales, ¡mientras lo parezcan entre los muros de su frío doctrinarismo! ¡Pero que deje de sembrar odio contra quien quiere vivir en paz su amor sobre esta tierra!

¡La Iglesia refractaria a confrontarse con la humanidad debe callar, si es incapaz de usar la razón!

Le agradezco algunas palabras y gestos de pontífice respecto de las personas homosexuales. Pero sus palabras solo tendrán un valor real cuando borre todas las declaraciones ofensivas y violentas del santo oficio hacia aquellas, además de anular la obscena instrucción de Benedicto XVI que veta la admisión al sacerdocio de las personas homosexuales. En tanto, el clero, donde abundan gais que son al mismo tiempo violentamente homófobos, debería mostrarse coherente con esta despiadada instrucción: todos los cardenales gais, los obispos gais y los sacerdotes gais deberían tener el valor de abandonar una Iglesia inhumanamente insensible, injusta y violenta.

Y me pongo al lado del pueblo homosexual para estar a su servicio y ayudarlo a despertar a esta Iglesia adormecida, farisea e hipócrita, petrificada en sus frías e inhumanas doctrinas, sin misericordia y caridad alguna, la Iglesia homófoba que solo sabe odiar a quien no sigue los criterios de «normalidad» heterosexual sancionados por ella. Sabe perseguir y destruir la vida de miles de gais que están abiertos a lo trascendente y son sensibles a lo divino. La Iglesia los ha comparado con leprosos, como si la orientación sexual fuera una elección.

Me pongo al lado de este pueblo oprimido y perseguido en cuanto sacerdote polaco que representa a una Iglesia particularmente odiosa, en la actualidad formada por pastores sin corazón, para quienes solo hay que pedir perdón y mostrarles la debida compasión. Algunos se sientan con Usted en el sínodo, armados con su lenguaje de odio, sin la menor sensibilidad y solo interesados en influir en los gobiernos democráticos para negar los derechos fundamentales de las personas libres.

He vivido un largo tiempo de meditación y de lucha interior para tomar plena conciencia de mi rechazo de esta odiosa exclusión: si la salvación que la Iglesia tiene que ofrecer no respeta la naturaleza de todas las personas, yo rechazo esta salvación. La rechazo en nombre de Dios, que nos ha creado y nos ama tal como somos.

He reflexionado mucho sobre esta decisión, también porque sé hasta qué punto sabe ser violenta la Iglesia con aquellos que la abandonan. Temo hasta qué punto la gente de la Iglesia pueda mostrarse violenta con mi familia, que no es en absoluto responsable de mis decisiones. Estoy particularmente preocupado por mi madre, mujer de fe inquebrantable, que no tiene culpa alguna de esto, pero sé qué riesgos corre en el interior de esta Iglesia violenta e insensible, a la que ella ha dedicado incondicionalmente toda su vida. Los católicos saben no tener corazón, ni misericordia ni sensibilidad alguna; siguiendo la lógica de una responsabilidad colectiva por las decisiones de los individuos destruyen la vida de inocentes. En Polonia los católicos saben ser verdaderos maestros del odio, de la estigmatización y de la exclusión de los otros. Y mi madre no merece ofensa alguna por parte de esta Iglesia inhumana.

«¡Quiero misericordia, no sacrificios!» Dios no quiere sacrificios de la naturaleza humana. Dios respeta su misterio, mientras que la Iglesia odia todo lo que en esa naturaleza es diferente de su proyecto de dominio sobre el hombre y sobre su sexualidad. La Iglesia solo está al servicio de la parte heterosexual de la humanidad y no quiere reflexionar serenamente sobre la naturaleza de las personas homosexuales.

Santo Padre, el sínodo de los obispos no solo se enfrenta al desafío de los fieles divorciados y vueltos a casar, sino también al de las minorías sexuales, que tienen derecho a vivir con dignidad ese amor que la Iglesia se obstina en matar. Tenemos derecho a una vida familiar, aunque la Iglesia no quiera bendecirla. Existimos y continuaremos existiendo, por más que su Iglesia continúe tratando de anularnos como hace con los fieles divorciados y felizmente vueltos a casar.

Muchos de nosotros ya nos hemos retirado de vuestra Iglesia. No nos compadezcáis, no lo hagáis con los hipócritas y los fariseos que se sientan en el sínodo. ¡Tened un instante de humana misericordia! Dejadnos en paz y consentid que los estados civiles hagan nuestra vida más humana, mientras que vosotros, con vuestra Iglesia, habéis logrado convertir nuestras vidas solo en un infierno.

¡Su Iglesia solo debe pedir perdón y callar para siempre! O convertirse en su camino sinodal y empezar a pensar en esa parte de la humanidad formada por los homosexuales creyentes ofendidos, estigmatizados y excluidos.

Yo ruego por Usted, sabiendo que es un hombre de Dios, pero haré lo que sea necesario para ayudar a la Iglesia católica a despertarse de su sueño inhumano, que ahora ya ha alcanzado cotas insoportables de crueldad.

Suyo,

KRZYSZTOF CHARAMSA
Roma, 3 de octubre A. D. 2015

El nuevo manifiesto de liberación gay[79]

Vaticano, 3 de octubre de 2015

1. Abandono de la homofobia y de la discriminación de las personas homosexuales.

Exigimos que la Iglesia católica abandone la actitud, la mentalidad y el lenguaje homófobo del odio y del desprecio, de la marginación, de la estigmatización y exclusión de las personas LGBTIQ. Exigimos que detenga su discriminación y cualquier forma sutil de persecución realizada dentro y fuera de sus confines.

---

79. Este manifiesto de liberación nació de mi convicción de que debía invitar a la Iglesia a dar un giro que tenga el mismo valor y la misma pasión que la revuelta de Stonewall. La Iglesia aún está esperando su revolución de Stonewall. Los diez pasos, que pido a mi Iglesia que emprenda, son el programa de «conversión» intelectual y espiritual indispensable para que las personas LGBTIQ puedan encontrar paz en la Iglesia católica. En el estado actual no hay sitio para ellas en la Iglesia, que las ha excluido de manera paranoica, sin ni siquiera conocerlas.

2. Condena de la penalización de las personas por su orientación sexual y de las terapias correctivas de la homosexualidad.

Exigimos que la Iglesia se exprese clara e inequívocamente contra la penalización, la persecución violenta, la encarcelación, la pena de muerte y cualquier forma de discriminación de las personas a causa de su orientación sexual, y contra las terapias «reparadoras» de las personas pertenecientes a las minorías sexuales.

3. No injerencia de la Iglesia en el reconocimiento de los derechos humanos de los homosexuales por parte de los estados democráticos.

Exigimos que la Iglesia revise, atenúe y equilibre su actitud hacia los estados y las naciones que, en el progreso civil y democrático, traten de garantizar derechos humanos a las personas homosexuales y atiendan las justas demandas de asegurar el derecho al amor y al matrimonio civil por parte de las personas pertenecientes a las minorías sexuales. Los estados civiles deben ser respetados en su autonomía de la gestión del bien común, no solo de los católicos.

4. Anulación de documentos ofensivos hacia las personas homosexuales en el ámbito de la enseñanza católica.

Exigimos que el papa revise el catecismo y elimine todos los documentos inexactos, ofensivos y violentos sobre las personas homosexuales, en particular los de la congregación de la doctrina de la fe, heredera de la oscura memoria de la santa inquisición.[80]

5. *Inmediata eliminación de la instrucción discriminatoria sobre la no admisión de las personas homosexuales en el sacerdocio católico.*

Exigimos que el papa elimine inmediatamente la vergonzosa instrucción sobre la no admisión de las personas homosexuales en la ordenación sacerdotal firmada por el papa Benedicto XVI en 2005.

> 80. Los documentos inaceptables son:
> 1) la falsa y obsoleta declaración *Persona humana*, de 1975 (que habla, entre otras cosas, de «inadaptación social» y de «anomalía» de las personas homosexuales, y ofrece un falso panorama de las «causas» de la homosexualidad);
> 2) la ofensiva *Carta sobre el cuidado pastoral de las personas homosexuales*, de 1986 (que recomienda la «solicitud pastoral» para los homosexuales, considerados «personas sufrientes», y prevé, de hecho, una «justa discriminación» de los homosexuales, censurando a quien proteste contra cualquier forma de discriminación «injusta»);
> 3) las escandalosas *Algunas consideraciones concernientes a la respuesta a propuestas de ley sobre la no discriminación de las personas homosexuales*, de 1992;
> 4) el igualmente reprobable documento *Consideraciones sobre los proyectos de reconocimiento legal de las uniones entre personas homosexuales*, de 2003 (en cuanto proclama que las relaciones homosexuales no serían «el fruto de una verdadera complementariedad afectiva», ni serían «humanas», porque en ellas «está del todo ausente la dimensión conyugal, que representa la forma humana y ordenada de las relaciones sexuales»);
> 5) el *Catecismo de la Iglesia Católica*, núm. 2.357-2.359, donde se enseña que no solo los actos, sino la inclinación homosexual, la tendencia (o más correctamente, diríamos

6. Inicio de una seria reflexión interdisciplinar sobre la moralidad de la sexualidad humana.

Exigimos que la Iglesia inicie una reflexión seria e imparcial sobre la moral de la sexualidad, tome conciencia de los progresos, hasta ahora considerados ideológicos, de varias ciencias: sexología, medicina, psicología, psiquiatría, biología, sociología, antropología y estudios de género.

7. Revisión de la interpretación ecclesiale *de los textos bíblicos relativos a la cuestión homosexual.*

Exigimos que la Iglesia revise la propia interpretación de la Biblia, liberándola del fundamentalismo, analizando las escrituras cuando hablan de las personas homosexuales sin condenarlas, aparte de contextualizar los textos bíblicos que tratan la cuestión de los actos homosexuales.

---

nosotros, la orientación), son «intrínsecamente desordenadas»; se insiste que en las personas homosexuales no existe ninguna complementariedad afectiva con las personas que aman; se añade que para la mayor parte de los homosexuales la tendencia es una prueba y una dificultad, que requiere compasión por parte de los demás, pero no hace evitar una justa discriminación (sin considerar que el sufrimiento y la dificultad de los homosexuales solo nacen de la homofobia de la Iglesia, no de la orientación sexual). La enseñanza del catecismo es ofensiva, y la misma definición de homosexualidad es incompleta, si no del todo falsa; falso es el análisis experiencial de la situación de las personas homosexuales, mientras que la actitud que dicta ante ellas y la propuesta de vida para los homosexuales son del todo injustas.

8. Inicio de un diálogo ecuménico serio con los hermanos evangélicos y anglicanos sobre la homosexualidad.

Exigimos que la Iglesia emprenda un diálogo ecuménico serio respecto de la homosexualidad con los cristianos que han alcanzado importantes y serenos avances en la maduración abierta y sincera de las propias posiciones, que pueda ayudar a la Iglesia católica a entender la realidad.

9. Necesidad de pedir perdón de las culpas pasadas y presentes de la Iglesia en relación con las personas homosexuales.

Exigimos que la Iglesia emprenda el camino de solicitud de explícito perdón por las seculares omisiones, los silencios y las verdaderas persecuciones realizadas en relación con las personas homosexuales en el transcurso de los siglos, y que deje de inmediato de perpetuarlas.

10. Respeto por los homosexuales creyentes y reparación de la inhumana propuesta eclesial para su vida cristiana.

Exigimos de la Iglesia que abra finalmente los ojos hacia las personas homosexuales creyentes, a las que no tiene ningún derecho de proponer la inhumana solución de la abstinencia total de la vida de amor y de la sana vida sexual, que respete su naturaleza y en particular su orientación sexual.

Índice onomástico

Abbate, Carmelo, 110
Aciman, André, 14
Aguiló Bonet, Antoni Jesús, 216
Agustín, san, 256
Alaska (Olvido Gara Jova), 150-151, 246
Alison, James, 76, 251
Almodóvar, Pedro, 240
Álvarez Valdés, Ariel, 251

Baco, san, 111
Bacon, Francis, 268
Baile Ayensa, José Ignacio, 246
Baird, Vanessa, 246
Barbero, Franco, 251
Beauvoir, Simone de, 63
Becker, Karl, 148
Beckett, Samuel, 71
Benedicto XVI (Joseph Ratzinger), papa emérito, 76, 85, 134, 165-171, 175-176, 218, 313, 319

Berger, David, 214
Białoszewski, Miron, 39
Błasik, Andrzej, 56
Bolle, Roberto, 173
Boniface, Pascal, 228
Borrillo, Daniel, 247
Boswell, John, 111, 249-250
Bourdieu, Pierre, 246
Brâncuși, Constantin, 228
Butler, Judith, 63-34, 246

Caballé, Montserrat, 229
Callas, Maria (M. Kalogeropoulos), 174
Camus, Albert, 275
Cañizares Llovera, Antonio, 287-288
Caravaggio, Michelangelo Merisi, llamado, 174
Castañeda, Marina, 246
Catalani, Alfredo, 174
Chagall, Marc, 228
Chaikovski, Piotr, 174

Charamsa, familia, 51
Chiarelli, Charles, 251
Chopin, Frédéric (F. Szopen), 201
Coll-Planas, Gerard, 246
Conchita Wurst (Thomas Neuwirth), 170
Copérnico, Nicolás (Mikołaj Kopernik), 178
Coster, Lewis, 284
Courbet, Gustave, 228
Cowen, Ron, 13
Cristóbal, san, 70-71
Cunningham, Michael, 245
Curran, Charles, 251

Dalí, Salvador, 230
Damiani, Pier, 255
Darwin, Charles, 178
David, rey de Israel, 94
De Chirico, Giorgio, 40
De Lauretis, Teresa, 246
Dench, Judy, 259
Domènech i Montaner, Lluís, 230
Dover, Kenneth James, 246
Drewermann, Eugen, 109, 187

Edwards, John P. Eribon, Didier, 251
Elredo di Rievaul, san, 111
Ernst, Max, 228
Espejo, Juan Cornejo, 247

Farah Pahlavi, emperatriz de Irán, 229
Farley, Margaret A., 251
Fassin, Éric, 247

Feldenkrais, Moshe, 38
Fellini, Federico, 170
Fernandez, Dominique, 247
Ferro, Tiziano, 246
Field, Sally, 239
Finch, Nigel, 239
Flannery, Tony, 251
Forcades i Vila, Teresa, 251
Ford, Tom, 161, 244
Forster, Edward M., 236
Fortin, Jacques, 246
Foucault, Michel, 63, 256, 274
Fox, Eytan, 240
Francisco (Jorge Bergoglio), papa, 47-48, 76, 77, 137-141, 150, 160, 165, 179, 182, 184-185, 195, 220-223, 287, 311
Franco Bahamonde, Francisco, 144, 241
Freud, Sigmund, 63
Fuentes Hinojosa, Pablo, 246
Fullam, Lisa, 251

Gallotti, Alicia, 246
García Lorca, Federico, 166
Gaudí y Cornet, Antoni, 230
Gaultier, Jean-Paul, 170
Glaser, Chris, 264
Goethe, Johann Wolfgang von, 61
Goffman, Erving, 206, 284
Gombrowicz, Witold, 50
Gómez, María Mercedes, 247
Goya, Francisco de, 177
Gramick, Jeannine, 251
Graset, Xavier, 287
Green, Julien, 174

Greer, D. M. W., 188
Griffith, Mary, 35
Guasch, Óscar, 246
Guasch, Salvador, 30
Guindon, André, 251

Heidegger, Martin, 93
Helminiak, Daniel A., 250
Herek, Gregory M., 247
Herrero Brasas, Juan Antonio, 246
Hesse, Hermann, 13-17, 125, 176
Hocquenghem, Guy, 27
Hogan, Desmond, 244
Hollinghurst, Alan, 245

Irigaray, Luce, 63
Irrazábal, Gustavo, 251
Isherwood, Christopher, 161, 244
Ivory, James, 236

Jesús, 93, 112, 137, 144-145, 169, 216, 219-222, 273
Jonatán, 94
Jordan, Mark, 249-250
Juan evangelista, san, 137, 220, 266
Juan Pablo II (Karol Wojtyła), papa, 52, 54-55, 132, 180, 213, 260
Jurado, Rocío, 245

Kaczmarski, Jacek, 230
Kandinsky, Vasilij, 228
Kapuściński, Ryszard, 166, 294-295

Keenan, James F., 251
Kinsey, Alfred, 84, 106, 256
Kristeva, Julia, 34, 63
Kundera, Milan, 38

Lacan, Jacques, 63
Lady Gaga (Stefani Joanne Angelina Germanotta), 170
Lawler, Michael G., 251
Lee, Ang, 236
Leila Pahlavi, princesa, 228
Lempicka, Tamara de, 228
Lenin, Nikolai (Vladímir Ilich Uliánov), 53
León IX, papa, san, 255
Leonardo da Vinci, 174
Lipman, Daniel, 13
Llach, Lluís, 230
López Penedo, Susana, 246
Lucas evangelista, san, 112, 137, 144, 289

Madonna (Louise Veronica Ciccone), 170-171
Magritte, René, 50
Mann, Thomas, 174
Mantero, José, 274
Marcos evangelista, san, 273
Marino, Ignazio, 92
Martel, Frédéric, 247
Martín, Gabriel J., 247
Martini, Carlo Maria, 92, 215, 312
Mateo evangelista, san, 112, 144, 272, 273
McNeill, John J., 251
Mercury, Freddie (Farrokh Bulsara), 230

Miguel Ángel Buonarroti, 174, 176, 270, 273
Milhaven, John Giles, 251
Miró, Joan, 230
Modigliani, Amedeo, 228
Moisés, 137
Mondimore, Francis M., 246
Mondrian, Piet, 228

Naranjo, Mónica, 246
Newman, John Henry, 111
Norwid, Cyprian Kamil, 201
Nugent, Robert, 251

Obama, Barack, 188
Obirek, Stanisław, 57
Ormando, Alfredo, 278
Özpetek, Ferzan, 237

Pablo de Tarso, san, 73-75
Pablo VI (Giovanni Battista Montini), papa, 174-175, 213
Paglia, Vincenzo, 168
Pharo, Patrick, 99
Picasso, Pablo, 228
Pikaza, Xabier, 251
Pinochet Ugarte, Augusto, 144
Pío da Pietrelcina (Padre Pío), san, 251
Pissarro, Camille, 228
Planas, Eduard, 24, 119, 120, 166, 227, 228, 238, 253, 254, 310
Platón, 282
Pope, Stephen J., 251
Preciado, Paul Beatriz, 246

Putin, Vladímir Vladimirovich, 136

Rich, Adrienne, 84, 246
Rient, Robert, 245
Rimbaud, Arthur, 174
Roberts, Julia, 240
Rodríguez, Pepe, 110
Rosmini, Antonio, 78

Salzman, Todd A., 251
Samuel, 94
Sartre, Jean-Paul, 63, 275
Scherer, René, 27
Schönborn, Christoph, 274
Schulz, Bruno, 50
Sedgwick, Eve Kosofsky, 246
Sergio, san, 111
Silvestrini, Ivan, 237
Sisley, Alfred, 228
Sixsmith, Martin, 259
Sorolla y Bastida, Joaquín, 228
Soutine, Chaïm, 268
Stalin (Iosif Visarionovich Džugašvili), 53, 56
St. John, Ambrose, 111
Sullivan, Andrew, 251
Szumowska, Małgorzata, 241-242

Tàpies, Antoni, 230
Tebano, Elena, 311
Terribas, Mònica, 286
Tin, Louis-Georges, 247, 249
Tomás de Aquino, santo, 127, 247, 253-256

Trevi, Gloria, 246
Turing, Alan, 190-191

Verlaine, Paul, 174
Vidal, Marciano, 251
Videla, Jorge Rafael, 144

Warhol, Andy (Andrew Warhola), 37
Wasilewski, Tomasz, 241

Watney, Simon, 63
Weinberg, George, 28, 124
West, Mona, 264
White, Edmund, 245
Wilde, Oscar, 148, 274
Witkacy (Stanisław Ignacy Witkiewicz), 50
Wittig, Monique, 63, 215, 246
Wójcik, Marcin, 57
Wyspiański, Stanisław, 199

Índice

Primera parte
El encuentro

Yo, Narciso 13
Mi Golmundo 19
El día después 21

Segunda parte
La bella y la bestia

Familia 27
Fe 45
Patria 49
Escuela 59
Vocación 69
Un seminario, es más, tres 73
Celibato 83
Iglesia 91

Renuncia 97
Confesión de sexo 103
Clero 109
Dios inmutable 121
Inquisición 129
El esperma según el santo oficio 153
Una universidad, es más, dos 161
Benedicto, Francisco y los sínodos desperdiciados . . 165
Corporación hipócrita 187
Célibes y violentos 197
Leprosos 207

Tercera parte
El despertar

La heterodictadura 213
La Europa libre 227
El espejo del cine gay 233
Otros tres pasos en busca de mí 243
La religión también para los gais 249
Mi salida del armario 263
Finalmente, libre 269
Dios ha vencido 275
El hombre no se había suicidado 277
Las últimas horas 281
Aquel instante en que está el futuro 297
A mi lector 301

POST SCRIPTUM

La declaración de la salida del armario 307
Carta al papa Francisco 311
El nuevo manifiesto de liberación gay 317

Índice onomástico 323